청춘,
그저 견디기엔
너무 아까운

옮긴이 김정자

서울 외국어대학원대학교 통번역대학원 한중과를 졸업하고 통번역사로 일하고 있다. 주로 중국의 좋은 책을 찾아 소개하고 우리말로 옮기는 일을 한다. 옮긴 책으로는 『인생은 지름길이 없다』, 『멈추어야 할 때, 나아가야 할 때, 돌아봐야 할 때』, 『행복이란 무엇인가』, 『얼굴, 시간을 새기다』, 『나를 바꾼 그 삼일: 어제 오늘 그리고 내일』, 『어, 그래?: 세상 모든 관계심리학에 대한 가장 친절한 설명서』, 『논리적 사고력을 길러주는 철학형 두뇌』, 『청춘, 그저 견디기엔 너무 아까운』 등이 있다.

청춘,
그저 견디기엔 너무 아까운

초판 1쇄 인쇄 2017년 1월 3일
초판 1쇄 발행 2017년 1월 9일

지은이 위안쯔하오, 위안쯔원
옮긴이 김정자

펴낸이 이상순
주간 서인찬
편집장 박윤주
제작이사 이상광
기획편집 김한솔, 한나비
디자인 유영준, 이민정
마케팅 홍보 이병구, 김수현
경영지원 오은애

펴낸곳 (주)도서출판 아름다운사람들
주소 (413-756) 경기도 파주시 회동길 103
대표전화 031-955-1001 **팩스** 031-955-1083
이메일 books777@naver.com
홈페이지 www.books114.net
문학테라피는 (주)도서출판 아름다운사람들의 임프린트입니다.

———

《我们都一样, 年轻又彷徨》
作者: 苑子文, 苑子豪
Chinese Edition Copyright ©2015 by 中南博集天卷文化传媒有限公司
All Rights Reserved.

Korean Translation Copyright ©2017 by Beautiful Peoples Publishing
Korean edition is published by arrangement with 中南博集天卷文化传媒有限公司
through Enters Korea Co., Ltd. Seoul.

청춘,
그저 견디기엔
너우 아까운

위안쯔하오 · 위안쯔원 지음
김정자 옮김

문학테라피

PART A
그저 견디기엔 너무 아까운

위안쓰하오

PART B
길을 잃어 보석을 얻는다

위안쯔윈

그때 너는 여전히 어렸어. 네가 남들에게 잘하면 그들도 네게 잘하리라 여겼고, 열심히 하면 반드시 좋은 결과를 손에 넣을 거라 생각했어. 그리고 한번 잡은 손은 영원히 놓지 않을 줄 알았지. 젊었기에 모든 슬픔과 기쁨을 온몸으로 느꼈고, 사소한 충돌에도 천지가 뒤집힐 것처럼 놀라곤 했어. 시간은 그런 너를 성장시켰고 더 넓은 세계를 보여 주었어.

• 일러두기
본문에 실린 각주는 모두 역주입니다.

PART A

그저 견디기엔 너무 아까운

위안쓰하오

아B 이야기

그땐 인내심은 바닥나고 사랑은 시들해지며 영원할 것 같던 것들도 결국엔 사라
진다는 사실을 몰랐어. 곁에 있는 사람을 소중히 생각하지 않으면 결국 그 사소한
소홀함이 두 사람을 갈라놓을 거라는 사실도 말이야.

나에게도 여자 사람 친구가 있다. 친구들은 그녀를 '아B'라고 불렀다. 그녀는 끊임없이 친구들에게 자기 이야기를 하고 싶어 했다. 나도 남 이야기는 잘 들어주는 편이다. 하지만 그녀와는 마주치고 싶지 않았다. 술을 진탕 마시고 횡설수설하는 것은 기본이요, 굳이 나를 붙잡고 먹은 것을 게워 내면서도 끝까지 입은 쉬지 않기 때문이다. 한마디로 최악이다. 다른 친구들이 슬금슬금 그녀를 피해 다른 테이블로 옮겨 가면, 결국 그녀 옆에는 늘 나만 남는다. 마음 약한 나만. 그렇게 덩그러니 둘만 남을 때마다 그녀는 백번은 들은 하소연을 또 하며 토하고 흐느낀다.

덕분에 셔츠가 엉망이 될 때마다 난 소리쳤다.

"내 얼굴이 그렇게 못 봐줄 정도야?"

내가 아무리 멀리 떨어져 앉아도 그녀는 집채만 한 파도에 맞서는 선장의 의지로 사람들을 헤치고 내 곁으로 와 얼굴이 온통 눈물과 콧물로 범벅될 때까지 울어 댔다. 언젠가 그녀에게 물은 적이 있다. 하고많은 사람들 중에 왜 하필 나냐고. 왜 내 얼굴만 보면 눈물을 흘리느냐고 말이다. 그러자 아B는 그랬다. 그래도 내가 그녀를 진심으로 이해해 주는 느낌이 든다고. 어쩌다가 그런 오해를 부르게 된 건지. 좀 착하게 생겼다고 해서 다른 남자들은 예쁜 여자들과 신나게 이야기꽃을 피우고 있을 때 왜 나만 그녀에게 붙잡혀 옴짝달싹 못해야 하느냔 말이다. 집으로 돌아와 더러워진 셔츠를 빨고 겨우 앉아 라면을 끓여 먹을 때면 나도 억울한 마음에 눈물이 날 지경이었다.

아B는 어릴 때부터 소심한 마음에 벌인 일들 덕에 여러 번 웃음거리가 되었다. 이런 일도 있었다. 예전에 어떤 남자와의 첫 데이트를 앞두고 작은 가슴이 신경 쓰이기 시작한 아B는 '어린애 같아 보이면 어쩌지?' 하는 고민 끝에 데이트를 준비하며 화장지 뭉치를 브래지어에 쑤셔 넣었다. 남자는 분명히 그녀에게 시선을 떼지 못했다.

식사를 마친 두 사람은 으슥한 숲길을 거닐었고 분위기가 무르익었다 싶었는지 남자는 그녀를 갑작스레 끌어안았다. 깜짝 놀란 아B의 속옷 사이로 돌돌 말린 화장지가 솟아올랐다. 남자의 얼굴은 순식간에 잿빛으로 변했다. 첫 데이트가 재앙으로 끝나고 난 후 아B는 일주일 내내 울었다. 사연을 들은 친구들은 하나같이 그녀가 바보 같다며 혀를 찼다.

나라도 그녀를 위로할 수밖에 없었다. "네가 그 사람에게 바보 같이 굴었으니 언젠가 네게도 바보 같이 구는 사람이 나타날 거야."

그 말 때문이었는지 모르지만 그녀에게 실제로 바보 같은 사랑을 준 남자가 찾아왔다.

아B는 예민하고 내성적인 성격이라 어릴 때는 건널목을 건너는 것조차 무서워할 정도였다. 신호등만 보면 할머니의 옷을 잡고 놓아 주지 않았다. 언젠가는 실수로 송충이를 밟은 적이 있었는데 여름 내내 송충이가 생각난다며 울었다. 심지어 송충이를 씹는 것 같다며 한동안 고기도 입에 대지 못했다. 아B는 평소 노래하기 좋아하지만 한 번도 남들 앞에서 노래를 불러 본 적은 없었다. 억지로 노래를 시켰다가는 노래 대신 비명에 가까운 울음소리를 들어야 했다. 아B는 밥 먹을 때 자기 앞에 놓인 음식만 먹었고, 집에서도 다른 식구들 앞에 놓여진 음식을 집기 위해 일어서지 않았다. 그녀는 시를 좋아했지만 국어 선생님이 실수로 이백의 「정야사静夜思」를 두보의 대표작이라고 말해도 아무 말도 하지 않았다.

아B는 마치 흑백 세상에 사는 것처럼 한 번도 밝은 색의 옷을 입지 않았다. 그녀는 눈에 잘 띄지 않는 타입으로 자주 보고 싶게 생기지도 않았다.

나는 아B가 늘 움츠러들어 있는 이유는 그녀의 가정환경 때문일지도 모른다고 생각했다. 내가 기억하는 한 아B는 줄곧 할머니 그리고 아빠와 함께 살았다. 아B의 부모님은 아주 오래전에 이혼을 했다. 아B의 아빠는 주정뱅이였는데 매일 술에 취해 있었고 이따금 그녀를 때렸다. 이웃집에 살았던 나는 아B의 집에서 무슨 소리가 들려오면 불안한 마음에 항상 귀를 기울었다.

어릴 때는 눈물 흘리는 그녀 앞에 영웅처럼 짠 하고 나타나 도와주고 싶었는데 아B의 남자 친구 '시과창'에게 늘 선수를 빼앗겼다.

시과창은 아B의 손을 잡아끌고 학교 CCTV가 없는 곳만 골라 다녔지만 말은 위풍당당했다. "누가 보든 난 상관없다고!" 거기다가 자기가 동네에서 제일 잘생긴 줄 아는(엄연히 내가 있는데 말이다!) 싫은 녀석이었지만 아B가 괴로울 때 타이밍 좋게 나타나는 재주가 있었다. 시과창은 아B에게 약을 발라 줄 때마다 이렇게 말했다. "너희 아빠를 만나면 내가 대신 두들겨 패 줄 거야."

그러면 아B는 또다시 소리 내 울고 콧물을 닦아 내며 시과창에게 "네가 최고야"라고 말했다. 옆에서 그 모습을 지켜보던 나는 늘 가슴이 답답했다.

시과창은 중학교 1학년 때부터 6년이나 아B를 쫓아다닌 끝에 아B와 사귀게 되었다. 그렇다고 해서 그가 6년 내내 아B에게만 집중한 것은 아니다. 사실 다른 여자애들에게도 꾸준히 치근거렸지만 그의 마음을 받아 준 것은 아B뿐이었다.

아B도 둘의 사랑이 영원할 거라고 생각하지는 않았다. 하지만 어릴 때부터 관심과 사랑에 목말랐던 아B는 매일 꽃을 바치고 아침, 저녁마다 잘 잤냐고, 잘 자라고 속삭이는 그에게 흔들리지 않을 수 없었다. 그런 그녀가 나는 너무나 안쓰러웠다.

시과창은 완벽한 사람은 아니었다. 하지만 아B에게는 완벽한 사람이 필요한 게 아니었다. 누군가가 길을 건널 때 두려움에 떨고 있는 그녀의 손을 잡아주고 한여름에 송충이가 득실거리는 곳에서 그녀를 업어 줄 수 있었다. 누군가가 다른 사람들 앞에 놓인 반찬을 대신 몸을 일으켜 집어다 줄 수 있었고, 함께 산책하며 그녀의 조용한 노랫소리에 귀 기울여 줄 수 있었다. 아B는 그 사람이 누구인지는 중요하지 않다고 생각했다. 자기에게는 그 정도면 충분하다고 생각했다.

살다 보면 누구에게나 절호의 기회가 찾아온다. 그것을 붙잡으면 성공의 고속도로를 탄 것처럼 순탄한 앞날이 펼쳐지지만, 놓치면 진흙탕 속에 빠져 헤어나기 힘들다.

아B에게 찾아온 인생의 기회는 '린천'이었다.

린천은 내가 사는 지역에서 가장 잘난 남자였다. 준수한 외모에 공부까지 잘해서 고등학교를 졸업하고 싱가포르 국립대학에 당당히 입학했다. 나보다 네 살 위인 그는 그야말로 '다른 세상 사람'이었다. 머리가 좋은 그는 시험 기간에 공부에 취미가 없는 친구들에게 요점 정리 노트를 빌려줄 만큼 여유있었고 길거리에 지쳐 보이는 할머니라도 있으면 그냥 지나치지 못할 만큼 착했다. 게다가 잘사는 집 아들이기까지 했지만 잘난 척도 할 줄 몰라서 더욱 비현실적으로 훌륭했다. 린천은 대학에서도 장학금을 놓쳐 본 적이 없었고 유명 기업의 러브콜도 수없이 받았다. 사실 그런 사람은 TV나 소설 속에나 나오는 줄 알았지 실제로 존재할 거라곤 상상도 못했다. 그렇게 말도 안 되게 대단한 남자가 아B를 사랑하게 된 것이다. 난 린천을 보면서 '사람은 얻는 게 있으면 잃는 것도 있다'는 말을 떠올렸다. 그는 어디 하나 나무랄 데 없는 완벽한 사람이었지만 여자 보는 눈만은 그렇지 않았다.

그가 싱가포르에서 중국으로 돌아왔을 때 우리는 고등학교 3학년이었다.

눈치가 빠른 나는 한눈에 그가 아B를 좋아하게 되었음을 간파했다. 하지만 왜 아B를 좋아하는지는 이해가 안 됐다. 로맨틱 코미디도 아니고, 왜 저런 엄마친구아들이 어느 모로 보나 평범한 데다가 침울한 소녀에게 푹 빠지냔 말이다. 4년 동안 외국물을 먹다 보니 여자 보는 눈도 뒤흔들린 걸까? 그래, 그거야. 아니면 설명할 길이 없었다.

처음에 아B는 학생의 본문은 공부라고 둘러대면서 린천을 거절했다. 어쩌면 아B도 린천 같은 사람이 자기를 진심으로 좋아한다는 것을 도무지 믿을 수가 없었던 것 같다. 그런 데다가 그녀는 이미 남자 친구가 있었다. 하지만 린천은 포기하지 않았다. 도대체 이 외국물은 무엇이고 얼마나 먹었기에 이렇게나 눈이 삐뚤어졌는지 궁금할 지경이었다.

린천은 밤 9시, 아B가 SNS에 올린 '망고가 먹고 싶어'라는 글 한 줄에 차를 몰고 나가 온 시장을 샅샅이 뒤져서라도 반드시 망고를 사다 주고 마는 그런 남자였다. 시과창이 자꾸만 아B를 실망시킬 때도 린천은 그녀의 곁에 있었다. 짜증을 내고 성질을 부리는 아B의 기분을 풀어 주려고 간식을 한 아름씩 안기기도 했다.

"계속 먹어서 뚱보가 되면 어떡하라고, 이 바보야."

"괜찮아, 처음부터 마른 편도 아니었잖아."

그러면 아B는 다시 펑펑 울었다.

린천은 아B가 아침을 거른다는 걸 알고 옆집에 사는 내게 아B의 아침밥을 챙겨 달라고 부탁하기까지 했다. 그 대신 정작 그 밥을 챙기게 될 우리 엄마에게 내가 무한한 가능성을 가지고 있으며 천재가 될 재목이라고 칭찬을 늘어놓았다. 그러자 엄마는 진지한 태도로 물었다. "천재는 타고나는 거 아니니? 왜 이제까지 쟤가 천재라는 걸 나는 몰랐을까?"

그렇게 린천은 아B의 삶에 들어왔다. 아B는 린천을 어떻게든 밀어내려고 노력했지만 점점 그럴 수 없게 되었다. 아B도 누군가가 자신을 이토록 열렬히 사랑해 준다는 것이 얼마나 놀라운 일인지 알고 있었기 때문이다. 린천은 아B가 어떻

게 한다고 해도 흔들리지 않을 것만 같았다. 린천은 아B에게
썩 시원찮은 남자 친구가 있다는 사실을 알았을 때도 그와 헤
어지라고 부추기지 않았다. 그저 자기 방식대로 아B를 사랑하
며 기다렸다. 처음에는 그저 황당해 하며 지켜보던 나도 린천
의 마음에 감동할 정도였다. 그래도 아B는 마음을 정하지 못
한 채 갈팡질팡했다.

린천은 대학을 마치고 중국으로 돌아와 맞이한 첫 번째 생
일을 아B와 함께 보내고 싶어 했다. 아B는 다른 약속이 있었
지만 확실하게 거절하지 않았다. 그날 린천은 하염없이 아B를
기다렸다. 우아한 음악이 흐르는 레스토랑을 예약했고 새로
산 옷을 멋지게 차려입었지만 그에게 돌아온 건 기다리다 날
아가 버린 허기진 하루였다.

그래도 린천은 "괜찮아"라는 말 한마디로 웃어넘겼다.

아B도 그 일이 마음에 걸렸는지 따로 날을 잡아 린천의 생
일을 축하하고 선물을 챙겨 주려고 했다. 그때 린천은 싱가포
르에서 면접을 보려고 준비하고 있었는데, 면접에 붙으면 그
곳에 자리를 잡고 중국으로 돌아오지 않을 가능성도 있었다.
하지만 시과창이 미친놈처럼 펄펄 뛰며 소리쳤다. "그놈한테
오빠 오빠거리며 생일 축하를 했다간 그날로 우린 끝인 줄 알
아!" 결국 아B는 그날도 하루 종일 집에 숨어 눈물을 흘렸다.

내가 린천이었다면 그때 아B를 포기했을지도 모른다. 선물

이고 뭐고 다 집어던지고 뒤도 돌아보지 않고 떠났을 거다. 그쯤이면 기다려 주는 데도 한계다. 하지만 린천은 역시 린천이었다. 그는 늘 그랬듯이 "괜찮아"라고 말했다.

사흘 뒤 린천은 싱가포르로 가는 비행기에 몸을 실었다.

얼마 지나지 않아 시과창은 고등학교 1학년 때 점찍은 여학생이 남자 친구와 헤어지자 바로 아B를 차고 그녀에게 갔다.

아B는 또 울게 되었다. 어느 때보다도 깊이.

그때의 아B는 바보 같고 또 가엾었다. 사랑을 받아 본 적 없던 그녀는 곁에 있는 사람을 놓치는 것이 더 두려웠다. 그 두려움이 사랑이라고 착각했다. 그리고 상처투성이가 되어서야 진짜 사랑을 알았다. 온몸에 단단한 갑옷을 두르고 사는 사람은 린천같이 따뜻한 사람이 곁에 있어도 그 온기를 잘 깨닫지 못한다.

"난 도대체 뭘 두려워한 걸까? 나를 기다려 줄래?"

"그래, 기다릴게. 언제까지고."

린천은 그녀에게 또 한 번의 기회를 주었다. 그녀는 다시 울음을 터뜨렸다.

시간이 흐르면서 그녀는 린천과 떨어질 수 없는 사이가 되었다. 예민하고 내성적인 아B가 린천에게만은 마음껏 감정을 표출했다. 린천은 아B가 자기연민에 빠질 때면 따뜻하지만 따끔한 일침을 가했고, 기운이 없을 때면 힘이 나도록 응원의 메시지를 보내 주었다. 그때까지만 해도 나는 두 사람을 보며 진정한 사랑이란 그렇게 반짝반짝 빛나는 것이구나 생각했다.

하지만 아B는 여전히 매일 감정의 어두운 그늘에서 허우적거렸다. 그녀는 린천을 붙들고 시과창이 얼마나 뻔뻔하고 머저리 같은 녀석인지에 대해 집요하게 파고들었다. 시과창이 예전에 자신이 즐겨 마시던 버블티와 자신이 사용하던 것과 똑같은 볼펜심을 새 여자 친구에게 갖다 바치는 것에 대해서까지 일일이 화를 냈다. 나는 아B가 정말 한심했다. 이런 식이라면 린천과도 헤어지게 될 거란 모르는 걸까? 나라면 좋아하는 여자가 예전 남자 친구에 관한 이야기를 줄기차게 늘어놓는 걸 참기 힘들었을 것이다.

하지만 린천은 나와 달랐다. "그래, 괜찮아. 내가 있잖아."

린천은 수능시험이 한 달 앞으로 다가오자 그녀의 공부를 위해 연락을 잠시 끊자고 했다. 그리고 시험이 끝나면 가장 먼저 자신에게 전화하라고 했다. 아B는 그러겠다고 했다.

린천은 정말 수능을 보기 전까지 일절 연락을 하지 않았다.

한 달 뒤, 아B는 더도 덜도 말고 딱 자신의 실력만큼의 성적을 거두었다.

그녀는 시험이 끝나자마자 약속대로 린천에게 전화를 했다.

하지만 아B는 린천의 목소리를 들을 수 없었다. 그리고 뒤늦게 그의 전화번호가 바뀐 사실을 알았다.

린천은 그렇게 아B를 떠났다.

아B는 린천이 전화를 받지 않을 것이란 걸 깨닫고 나서야 그 한 달간 얼마나 린천을 그리워했는지 알았다. 린천은 어느새 그녀의 마음 깊숙한 곳까지 들어와 있었다. 그렇지만 린천은 어느새 아B를 마음속에서 내보낸 것 같았다.

나는 원하던 대학에 합격해 베이징에서 대학 생활을 시작했다. 여름을 맞아 집에 내려오면 옆집에서는 아직도 가끔 아B가 우는 소리가 들려왔다. 그럴 때면 나는 아B의 블로그에 들어가 보았다.

그때 그는 내가 그의 일부가 되길 원했지만 나는 그가 나의 일부가 되길 원하지 않았다. 하지만 절대 내게 부담을 주지는 않았다. 그는 언젠가 내가 어떤 사람을 사랑해야 할지 깨닫게 될 거라고 했다. 지금 나는 그가 말한 사랑을 깨달았지만 이미 너무 늦어 버렸다.

그는 내가 자신이 최선을 다하는 마지막 여자가 될 거라고 말했다. 대학에 들어온 지 몇 해가 지났지만 난 한 번도 사랑을 하지 못했다. 그와 같은 남자를 만나지 못해서일까? 다시는 사랑을 하고 싶지 않아서일까?

항상 모든 것이 내가 원하는 대로 이루어질 거라는 상상을 한다. 사실 무언가를 상상하고 있을 때만큼 달콤한 순간은 없다. 수탉 모양의 중국 지도를 보면 한눈에 닭 머리가 들어온다. 하지만 그 위에 얼마나 많은 성省과 도시, 마을이 있는지는 잘 모른다. 그 위에서 얼마나 많은 도로가 교차하는지, 얼마나 많은 가로등이 켜지고 꺼지는지, 얼마나 많은 외로움이 가슴을 울리는지 잘 모른다. 내가 아는 거라곤 북위 40도에서 2도까지, 동경 115도에서 103도까지 그 안에 무수히 많은 것들이 들어차 있다는 것뿐이다. 우리는 모두 같은 시간을 살고 있어도 평생 다른 삶을 살아간다.

나는 이것이 '붙잡을 수 없는 영원은 떠들썩하고, 사랑받는 사람은 기댈 곳이 있어 두렵지 않다'라는 말의 의미라고 생각한다.

나는 아직까지도 아B가 두렵다. 그녀가 오는 모임은 최대한 피하고 싶다. 하지만 때때로 창가 앞에 엎드려 있다가 아B가 까치발을 하고 송충이가 깔린 길을 조심스럽게 걸어가는 모습을 보면 가슴이 아프기도 하다. 매년 여름이면 그녀의 울음소리에 잠을 깨곤 했는데 시간이 흘러 그런 일이 드물어지자 오히려 적응이 되지 않았다.

며칠 전, 아B의 블로그에 새 글이 올라왔다.

그해 나는 최선을 다해 그가 뻗은 손을 만 번이나 뿌리쳤지. 그 사람이 영원히 내 곁에 있을 줄 알았어. 그가 웃으면서 만 한 번째 손을 뻗을 거라고 생각했던 거야. 그때는 인내심은 바닥 나고 사랑은 시들해지며 영원할 것 같던 것들도 결국엔 사라진 다는 사실은 몰랐어. 곁에 있는 사람을 소중히 생각하지 않으 면 결국 그 사소한 소홀함이 두 사람을 갈라놓을 거라는 사실 도 말이야.

그래, 가엾은 아B야, 여름엔 더 이상 울지 않길 바랄게.

내 곁에 남을
단 한 사람

결국 내 곁에 남을 사람은 날 알아봐 주는 평범한 단 한 사람이다. 그의 투박한 관심과 사랑이 나를 행복으로 이끈다. 하지만 화려한 세계와 완벽한 배경을 쫓을 때, 우리는 그 단 한 사람의 가치를 알아보지 못해 불행 속을 헤맨다.

"2014년 3월 29일. 오늘의 날씨는 맑음. 내 마음의 날씨는 우중충."

'우울녀'의 일기는 늘 이런 식이다. 그녀의 마음속 날씨는 대부분 비와 눈이 내리고, 우박이 쏟아지고, 황사가 불고, 토네이도가 휩쓸고 지나간다. 때로는 베이징에 유행하는 스모그가 잔뜩 끼어 있기도 하다.

그녀는 우울해 할 거리를 찾아 내는 것 같다. 친구가 던진 한마디가 속상해서 한 시간이나 징징거리고, 성적이 2점만 떨어져도 밤새 울었다. 한번은 블로그에 '세상으로부터 버림받다'라는 거창한 제목의 글을 남겼는데, 알고 보니 부모님이 전화를 늦게 받았다는 이야기였다. 그러니 실연당했을 때는 오죽했을까. 1년 내내 비련의 여주인공이 되어 전 남자 친구를 욕하고 원망했다.

그래서 동창들은 그녀를 '우울녀'라고 부르게 되었다. 모임이라도 있을 때면 은근히 그녀에게 연락하는 걸 서로에게 떠넘겼다. 사실 오지 않았으면 하는 마음이었다. SNS를 할 때 친구들 말이라고는 깡그리 무시해서 평소에 인심을 잃었거니와 모임에 나와서도 계속 불평에 불만일 게 뻔했기 때문이다. 게다가 그 우울함은 입도 벙긋하지 않아도 새어 나와 순식간에 다른 사람들의 기분까지 바닥으로 끌어 내렸다. 동창들 사이에서 우연히 그녀 얘기가 나오면 다들 우울녀의 예전 모습을 떠올리며 안타까워했다. "한없이 밝았는데 어쩌다 저렇게 됐을까?"

그랬다. 그녀는 한없이 밝았다.

우울녀는 늘 우울녀가 아니었다. 어린 시절을 함께 보낸 친구들은 생생하게 떠올릴 수 있었다. 아이에서 소녀가 되던 열두세 살 무렵의 그녀는 교실에 들어서기만 해도 주변을 밝게 만드는 것 같았다.

청순한 외모에 성적도 좋아 중학교에서 학생회 임원과 토론회 회장을 도맡아 하던 그녀는 부모님의 자랑이었고 선생님들의 사랑도 독차지했다. 그야말로 완벽한 '공주님' 같았다. 모두가 그녀에게 관대했다. 가끔 제멋대로 구는 것도 공주님에게 어울리는 애교로 취급했다. 그런 그녀를 질투하는 여학생들이 많은 만큼이나 어떻게든 잘 보이려는 남학생들도 많았다.

중학교 2학년 때 그녀의 이름은 늘 한 남학생의 이름과 함께 오르내렸다. 역시 교내의 유명인이던 소년은 웅변대회 수상자이자 농구부 주장으로 잘생긴 외모까지 갖춘 '완벽남'이었다. 두 사람은 다들 부러워하는 더할 나위 없이 사랑스러운 연인이었다.

그녀는 어릴 때부터 원하는 것은 전부 손에 넣으며 살았다. 남들이 한창 사춘기의 쓰라림을 느끼는 중학교 시절도 그녀는 즐겁고 신나기만 했다. 그런 행복한 날들이 계속 이어질 것만 같았지만 꿈은 곧 깨지고 말았다.

고등학교 1학년 되던 해에 두 사람은 헤어졌다.

이별은 그녀가 맛본 최초의 좌절이었다. 하나의 균열이 생기자 공주님의 궁전은 순식간에 무너져 내리기 시작했다. 처음 겪어 보는 아픔을 어쩔 줄 몰랐던 그녀는 어느 날은 멍했고 어느 날은 울기만 했다. 서서히 선생님들의 관심도, 부모님의 자부심도 옅어져 갔다.

사람들은 그녀를 이해해 주지 않았다. "그게 뭐 대수라고 그래? 그런 풋사랑은 원래 깨지는 거야. 누구나 겪는 거라고. 시간이 지나면 괜찮아질 테니 정신 차려." 같은 반이었던 나도 상처는 시간이 다 치유해 주는 거라는 어디서 주워들은 위로밖에는 할 줄 몰랐다. 그렇지만 그녀의 상처는 시간이 지날수록 더 깊어지는 것 같았다.

우울녀는 아무도 그녀의 이야기를 제대로 들어주지 않는다고 생각했다. 그래서 더 걸핏하면 화를 내고 제멋대로 굴었다. 하지만 이제 사람들은 그녀의 태도를 귀여운 투정으로 보지 않았고 그녀는 비웃음거리가 되었다. 그녀가 사람들에게 날을 세웠듯 사람들도 그녀를 멀리했다. 그녀를 향해 활짝 열려 있던 문들이 일제히 닫히고 사람들이 모두 떠나자 그녀는 혼자

만의 섬에 고립되었다.

감정이 바닥까지 떨어져 견딜 수 없을 때면 그녀는 군것질을 했다. 화가 나거나 울고 싶을 때는 닥치는 대로 먹었고 잠이 오지 않을 때에도 계속 먹을 것을 찾았다. 심지어 아침에 눈을 뜨자마자 식욕을 느끼기도 했다. 그녀는 감자 칩과 콜라를 손에서 놓지 않았다. 잔뜩 먹어 혈당이 높아지면 포만감이 느껴져 우울한 기분도 달랠 수 있었다.

어느 날 그녀를 보니 온몸이 만두처럼 옆으로 팽창해 있었다. 나는 조심스럽게 입을 뗐다. "너무 많이 먹으면 위에 안 좋을 텐데? 계속 먹다가는 움직이는 것조차 힘들어질 거야."

그녀는 나를 한번 쳐다보더니 울 것 같은 얼굴이 되어 이렇게 말했다. "사람들이 날 견디기 힘들어지는 거겠지."

불과 얼마 전의 가냘프고 청순했던 모습을 찾아볼 수 없는 그녀를 보니 가슴이 아팠다. 게다가 냉소적인 그녀의 유머는 또 어떻게 받아들여야 할까? 나는 다른 사람들의 시선 때문에 그렇게 말하는 게 아니라고 했다. "왜 자신을 그렇게 괴롭혀? 네가 변했다고 무시하는 사람들은 어리석어서 그런 거야. 너까지 너를 벌주지 마."

그녀의 눈빛이 흔들렸다. "그 애가 얼마나 그리운지 알아? 사람들의 말이 내게 어떤 상처를 남겼는지 아냐고? 난 평생 행복해질 수 없을 거야! 그만하자. 넌 사랑을 몰라."

고등학교 1학년 겨울방학 때, 그녀는 중학교 동창 모임에 나
갔다. 1년 만에 그녀를 본 친구들은 전혀 다른 모습으로 변한
그녀의 모습을 보고도 믿기 힘들어했다. 그녀를 쫓아다니던
남자 동창들은 특히 노골적이었다. 경멸을 담은 눈빛으로 흘
깃거리며 낮은 목소리로 수군거렸다. "야, 넌 정말 눈이 멀었
었나 보다." "뭘, 너는 선물까지 바쳤잖아." "으윽, 없었던 일
로 하고 싶다." 행복한 시절을 추억하며 찾았던 자리에서 맞닥
뜨린 동창들의 낯선 태도에 그녀의 낯빛은 점점 어두워졌다.
어떤 대화도 즐겁지 않았고 맛있는 음식을 먹어도 모래를 씹
는 기분이었다.

남학생들은 세 치 혀로 그녀를 난도질하고 무참히 짓밟았
다. 그날 그녀는 공주님 자리에서 끌려 내려와 깊고 어두운 나
락으로 내동댕이쳐졌다.

고등학교에서 그녀는 보통의 성적을 가진 평범한 여학생,
그 이상도 그 이하도 아니었다. 통통하게 살이 오른 그녀는 미
간을 잔뜩 찡그리고 입을 굳게 다문 채 좀처럼 웃지 않았고,
건방진 태도와 우울한 표정을 고수했다. 나를 무시하기 전에
내가 먼저 모두를 무시하겠다는 식이었다. 그렇게 그녀는 얼
마 남지 않은 자존심을 세웠다. 다이어트를 해서 예쁜 치마를

입고 싶다는 생각을 하기도 했다. 하지만 고등학교 3학년이 되자 그녀는 다른 것에 신경 쓸 겨를이 없었다. 두꺼운 수험서 옆에는 언제나 오레오 쿠키가 놓여 있었다.

그녀는 자기보다 날씬한 여자애들을 보면 수능이 코앞인데 그렇게 짧은 치마를 입고 누구한테 보여 줄 생각이냐며 욕을 퍼부었다. 그렇게 한바탕 성질을 내고는 울면서 고개를 숙인 채 책을 봤다. 그녀는 누군가 자신을 비웃는 것 같을 때마다 '수능만 잘 보면 다 끝이야'라는 생각을 했다. 실제로 공부에 집중한 이래 성적이 날로 올라 칭화대학이나 베이징대학을 바라볼 수 있을 정도였다. 의외라는 눈빛으로 그녀를 보는 사람들에게 그녀는 오만한 표정으로 말했다. "이 언니가 맘만 먹으면 뭐든지 잘한다고."

그녀는 문과종합역사, 정치. 지리에 강했고 수학을 가장 어려워했지만 시험만 봤다 하면 깜짝 놀랄 만한 성적을 거두곤 했다. 성적이 잘 나오는 날엔 세상에 복수라도 하는 듯한 쾌감을 느꼈고, 성적이 좋지 않은 날엔 세상이 자신을 괴롭히는 것 같은 느낌이 들었다. 수업을 들을 때는 늘 건방지게 다리를 꼬고 앉아 한 손으로는 턱을 괴고 또 다른 손으로는 낙서를 했다.

수능이 끝나고 나는 베이징대학의 합격통지서를 받았다. 그 뒤로는 얼굴에 난 여드름을 없애는 일에만 신경 썼다. 하지만 우울녀는 시험을 망쳤다. 강세를 보이던 문과종합의 객관식 문항에서 48점이나 까먹어 예상점수를 벗어난 데다 평소 어려워하던 수학에서도 턱없이 낮은 점수를 받은 것이다. 그녀는 세상이 자신을 놀리는 것 같다고 생각했다.

입시가 끝나고 길고 여유로운 여름방학이 찾아왔지만 우울녀는 어떤 모임에도 나타나지 않았다. 나는 가끔 거리에서 고개를 푹 숙이고 가방을 손에 꼭 쥔 채 걸어가는 그녀를 보았다. 마치 그녀의 머리 위에만 먹구름이 떠 있는 것 같았다.

또 한번은 편의점에서 나오는 그녀와 마주쳤다. 그녀는 한 손에는 생리대가 든 봉투를 들고 다른 손에는 김이 무럭무럭 나는 고기만두를 든 채 빠른 걸음으로 걸어갔다. 그때도 여전히 고개는 바닥을 향해 있었다.

대학 생활이 시작되었다. 같은 도시에 살았지만 나는 우울녀를 거의 보지 못했다. 사실 그녀에게 별 관심이 없었다. 그래도 SNS를 하다보면 그녀가 다이어트를 시작했다가 실패했고, 수업은 재미가 없고, F학점을 맞았다는 등의 자질구레한 일상은 저절로 파악하게 되었다. 그녀는 여전했다. 뭐든지 불만이었고, 남들을 비웃었고, 자기 삶이 만족스럽지 않다는 것을 만천하에 떠벌렸다. 누구도 그녀 앞에서 행복한 티를 내면 안 됐다. 실수로라도 그녀의 예민한 신경을 건드리면 대단히 피곤해졌다.

친구들은 은밀히 우울녀를 블랙리스트에 올려놓았다. 아무도 그녀의 SNS를 방문하지 않았고, 그녀도 자신의 포스팅을 보지 못하도록 차단했다.

사랑은 사람을 전혀 다른 모습으로 바꾸어 놓는다.

우울녀를 못 본 지 1년쯤 지났을 때였다. 나는 새 책을 홍보하기 위해 그녀의 학교에서 강연을 하게 되었다. 안내를 맡은 학생회 사람은 크지 않은 키에 평범한 외모였고 말투가 어눌했다. 나는 우울녀가 어떻게 지내는지 궁금해져 그에게 이 학교에 아는 친구가 있는데 보고 싶으니 찾는 걸 도와 달라고 부탁했다.

사실 그녀가 강연을 듣고 싶어 하는지 알 방법은 없었다. 막상 연락처를 넘겨받자 나는 전화를 걸면서도 마음이 복잡했다. 그녀가 '강단에 서서 나를 내려다보며 비웃기라도 하겠다는 거야?'라는 둥 독설을 뱉으며 나를 밀어낼까 봐 두려웠다.

하지만 뜻밖에도 그녀는 선뜻 강연에 오겠다고 했다.

강단에 서니 그녀가 눈에 들어왔다. 세 번째 줄의 왼쪽에서 다섯 번째 자리에 앉아 무표정한 얼굴로 나를 바라보고 있었다. 그날 그녀는 작은 꽃무늬가 그려진 코트를 입었는데 가슴이 커서 잘 닫히지 않았다.

강연이 끝난 뒤, 나는 안내를 맡았던 학생회 사람에게 그녀를 무대 뒤로 데려와 달라고 부탁했다. 가까이서 보니 그녀는 그동안 살이 다소 빠졌고 머리카락을 길게 길렀다. 하지만 머리 위에는 여전히 칙칙한 먹구름이 떠다녔고 양미간에는 한껏 힘이 들어가 있었다. 그녀는 아직 '우울녀'였다.

나는 그녀를 반갑게 맞이했다. "잘 지냈어?"

"그저 그래. 우리 과 교수가 작년에 F를 주는 바람에 올해 재수강을 신청했는데 아무래도 여전히 나를 구제해 줄 생각이 없나 봐. 일부러 골탕 먹이는 것 같아서 죽겠어. 아, 같은 반이었던 팡리가 굉장한 엄친아를 물었다는 소문이 들리던데?"

"여드름쟁이 왕샤오타오 기억나? 걔가 글쎄 국가장학금을 받고 미국에 교환학생으로 떠난대. 그리고 어릴 때부터 나를 졸졸 따라다니던 황마오는 지금 민족대학교 학생회 회장이 됐다지."

나는 그녀의 이야기를 들으며 이상한 느낌을 받았다. "그래? 난 전혀 몰랐네……. 어떻게 동창들 근황을 줄줄이 꿰고 있어? 지난번 모임에 갔었어?"

"내가 왜! 거기 갔다간 놀림감이 될 게 뻔한데? 다시는 나를 비웃고 조롱하지 못하게 할 거야."

나는 고개를 숙인 채 아무 말도 하지 않았다.

"내가 미치지 않고서야 거길 어떻게 가겠어?" 그녀는 이로 소매 끝에 삐져나온 실을 잡아 뜯으며 말했다. "요즘 나 살 좀 빠진 것 같지 않아? 다이어트를 해도 살이 빠지지 않아서 고민이야. 매일 조금밖에 안 먹는데도 살이 찌니 내가 미치겠다니까."

우울녀의 이야기를 들으려면 많은 인내심이 필요했다. 그녀는 불안한 듯 시선을 이리저리 돌리면서도 말을 잠시도 멈추지 않았고 점점 더 흥분했다. 나는 그녀의 이야기를 듣는 걸 포기하고, 손으로는 차갑게 식은 커피를 휘젓는 동시에 눈으로는 그녀의 움직이는 입을 주시하며 머릿속으로는 다른 생각을 하려고 노력했다.

얼마 후, 출판사 관계자가 들어왔을 때에야 정신이 들었다. 나는 그녀와 사진을 한 장 찍고 서둘러 헤어졌다. 그녀는 작은 가방과 외투를 손에 들고 또각또각 하이힐 소리를 내며 멀어져 갔다.

그때 찍은 사진은 그녀의 계정에 올라오지 않았다. 나는 머릿속으로 그녀가 잔뜩 얼굴을 찌푸린 채 "얼굴이 너무 크게 나왔잖아. 여드름도 보정이 안 돼"라며 사진을 삭제하는 모습을 상상했다.

한참이 지나 오랜만에 그녀의 SNS를 구경하다가 그녀 고유의 '우울체', 즉 불평과 불만이 사라졌다는 사실을 깨달았다.

그녀는 상태표시도 거의 하지 않았고, 가끔씩 현대문학 강의가 정말 유익하다거나 블루베리 요거트와 와플이 우중충한 기분을 말끔히 씻어 준다는 식의 이야기만 올렸다.

우울녀는 사랑에 빠졌다. 알고 보니 상대방은 학교에서 그녀를 찾아봐 준 학생회 사람이었다. 그녀는 그를 '꼬마 신사'라 불렀다.

> 그는 내 이상형과는 거리가 멀다. 키 크고 체격이 좋고 긴 머리도 잘 어울리는 사람을 꿈꿔 왔는데 해당되는 게 하나도 없다. 평범한 건 외모뿐이 아니다. 집안도 별것 없고, 나이도 어리다. 나는 어른스러운 남자가 좋은데 말이다. 따지자면 눈에 차는 게 없다. 하지만 그는 나를 열렬히 사랑한다. 이 장점 하나면 충분하다.

꼬마 신사는 그녀를 사랑했다. 습관은 어디 가지 않아서 그녀는 데이트를 할 때마다 그가 굼뜨다느니, 밀크티에 얼음이 너무 많다느니 불평을 늘어놓았다. 그래도 그는 늘 웃으며 받아 주었다. 그녀의 짜증은 불안한 마음에서 오는 거니까 그가 달래 주면 된다고 생각했다.

우울녀는 한때 잘나가는 완벽남의 여자 친구였고 누가 봐도 부러운 선남선녀 커플이었다. 하지만 꼬마 신사야말로 그녀의 완벽한 '운명의 반쪽'이다.

꼬마 신사는 짜증을 부리고 자학하는 우울녀에게 말했다. "나를 원망해도 돼. 다른 사람 탓을 해도 되고. 하지만 널 미워해서는 안 돼. 널 욕하지 마." 그 말을 들은 그녀는 남자의 품에 안겨 오랫동안 눈물을 흘렸다. 그녀는 자신을 이토록 사랑하는 남자를 만날 수 있을 거라고 상상도 하지 못했다.

그는 장대비에 몸이 흠뻑 젖는 것도 아랑곳 않고 그녀가 좋아하는 녹차 아이스크림을 사다 주고, 건강이 걱정된다며 직접 영양차를 끓여 기숙사로 배달해 주었다. 그녀가 SNS에 바다를 보러 가고 싶다고 쓴 글을 보면 어떻게든 그녀를 바다로 데려갔다. 그것만으로는 마음이 다 표현이 안 될 거라고 생각하는지 매주 편지까지 썼다.

그녀는 이런 사랑을 받게 되리라곤 상상도 못했다.

어쩌면 그녀만 모르고 있었던 게 아닐까?

나는 사람들에게 미움을 받거나 무시를 당하는데 왜 다른 사람들은 늘 행복한 걸까? 이런 생각은 스스로 상처를 내는 것과 같다. 성공학에서는 성공의 첫째 조건은 노력이고 둘째 조건은 인내심이라고 말한다. 따라서 성공하지 못한 사람들을 노력하지 않고 인내심이 부족한 '루저'로 치부한다. 하지만 성공학에서 간과한 것이 있다. 성공한 사람은 소수에 불과하고 대다수 사람들은 평범한 삶을 살아간다는 사실이다. 평범한 삶은 실패한 삶이 아니다. 사람은 좀 더 여유로운 속도로 살 때 사랑과 만족을 더 깊게 느끼고, 주변 사람들에게도 관심을 기울이고 배려하며 살 수 있다. 이는 결코 밤낮으로 성공을 위해 질주하는 자들의 삶보다 가치 없지 않다.

화려하고 특별한 인간이 되는 것이 다가 아니다. 결국 내 곁에 남을 사람은 날 알아봐 주는 평범한 한 사람이다. 투박한 그의 관심과 사랑이 비로소 나를 행복으로 이끈다. 하지만 화려한 세계와 완벽한 스펙을 쫓을 때, 우리는 그 단 한 사람의 가치를 알아보지 못해 불행 속을 헤맨다. 평범한 자신과 평범한 그 한 사람을 받아들일 줄 아는 사람이 오히려 더 단단해 질 수 있다.

'우울녀'의 일기에는 더 이상 흐린 날이 오지 않았다. 그리고 우울한 마음을 달래기 위해 달콤한 케이크를 먹어야 할 일도 없었다.

그녀는 SNS에 남자 친구와 놀러 갔던 곳의 풍경이나 함께 먹은 맛있는 음식 사진을 올리기 시작했다. 두 사람이 익살스럽게 웃는 사진 밑에는 언제나 행복이 가득한 글 한 줄이 따라왔다.

얼마 전에는 그녀가 남자 친구와 바닷가에서 찍은 사진이 올라왔다. 사진 속의 그녀는 녹색 비키니 수영복을 입고 활짝 웃고 있었다. 사람들 틈에서 그녀의 큰 덩치는 여전히 눈에 띄었지만 그녀의 모습은 사랑하고 싶은 충동을 불러일으켰다.

모든 끝 뒤에는 새로운 시작이 있다. 무언가 끝났을 때 그 사실이 아프고 견디기 힘들지라도 스스로를 함부로 해서는 안 된다. 또 다른 시작이 나를 기다리고 있으니까.

너를 구해 줄 사람은
너밖에 없어

이유야 어떻든 청춘은 누구나 자신의 삶 앞에서 헤맨다. 상처에 무너지고, 알 수 없는 상실감에 치이고, 세상에 혼자 버려진 것 같은 외로움에 견딜 수 없을 때가 있다. 내가 그러든 말든 세상은 나 없이 잘 굴러 간다. 그것이 더 괴롭다. 젊다는 것은 내가 중심이 되어 세상을 만나는 것이기 때문이다. 하지만 시간은 우리에게 알려 준다. 나 홀로 세상과 싸우는 것 같던 순간에도 사실 누군가가 나를 위해, 세상을 위해 작고 힘겨운 한 걸음을 떼고 있었다는 것을.

'구조요청 소녀'를 만나기 전까지 나는 실제로 만난 적 없는 사람과는 친구가 된다는 걸 상상하지 못했다.

 나는 '구조요청 소녀'를 인터넷에서 만났다. 그녀는 매일같이 내 웨이보를 방문해 방명록을 도배하고 장문의 개인 메시지를 보냈다. 그때까지 그녀는 그런 여러 소녀 중 한 명일 뿐이어서, 나는 그녀의 글에 그다지 신경쓰지 않았다. 그런데 어느 날 그녀가 이런 메시지를 남겼다. "앞으로는 공부에 집중해야 해서 웨이보를 찾지 못할 것 같아요. 잘 지내시길 바라요." 순간 기뻤다. 누구인지는 몰라도 자기 일은 알아서 하고 있구나! 기특하고 후련한(?) 감정에 나는 처음으로 답글을 달았다. "이렇게 작별인사까지 남기다니 구조요청 소녀 님은 정말 좋은 사람이군요."

 그러자 구조요청 소녀는 기다렸다는 듯이 이제까지와는 비교도 안 될 정도로 긴 쪽지를 보냈다.

 그 끝에는 이렇게 쓰여 있었다. "저 아직 공부하러 안 갔어요. 답글을 받으려고 지어낸 거짓말이에요. 전 이 웨이보에서 노는 게 제일 좋거든요."

 그녀의 글을 본 나는 절로 한숨이 쉬어졌다.

 "아시겠지만, 저는 착한 소녀가 아니랍니다."

 나는 그때부터 그녀가 보내오는 메시지들을 조금 더 눈여겨

보게 되었다. 결국 관심을 끄는 데 성공한 셈이다. 거기에는 그녀가 살아온 이야기가 담겨 있었는데, 아직 짧은 삶인데도 그 안에는 아픔이 많았다. 하지만 내가 그녀의 메시지들을 모두 읽었고 또 감명받았던 것은 가엾어서가 아니라 그런 괴로움에 맞서는 그녀의 자세 때문이었다. 그녀에게는 "세상이 아무리 괴롭히고 못살게 굴어도 나는 전혀 아랑곳하지 않고 당당하게 살아가겠어!"라는 패기가 있었다.

그녀는 예전부터 나와 형에 대해서 알고 있었지만, 두 달 전에야 우리가 쓴 책을 읽었다. 정신과 의사가 권했기 때문이었다. 상담 시간에 그녀가 드디어 이야기를 마치자 의사는 평소처럼 물 한 잔을 건네는 대신 서랍에서 책을 꺼내 주었다. 표지에서는 두 남자가 웃고 있었다. 바로 나와 형의 첫 번째 책, 『내 인생의 반쪽은 언제나 너였으면 해願我的世界總有你二分之一』였다.

그녀는 그렇고 그런 가벼운 책 같다고 생각했고 그대로 말했다. 의사는 웃으면서 고개를 저었다. "책을 다 읽으면 내게 말해 주렴."

구조요청 소녀는 책을 집으로 가져온 날 바로 베란다에 던져 버렸다. 구석에서 고양이가 가지고 놀기에 그냥 내버려 두었다. 몇 주가 흐르고 어느 날 그녀는 어지러운 마음에 창가에서 담배를 피우다가 다시 책을 발견했다. 그녀는 불도 켜지 않고 창밖 베란다로 나가 달빛에 기대 책을 펼쳤다. 솔직히 아무런 기대도 하지 않았다.

"책을 읽기 전까지는 상상도 못했어요. 제가 베란다에 웅크리고 앉아 눈물을 쏟게 될 거라고 말이에요."

"그때까지 저는 제가 구제불능 문제아라고 생각했어요."

시작은 초등학생 때였다. 그녀의 할머니는 지붕 위에 올라가 있는 그녀를 발견하고는 기함을 했다. 손녀를 억지로 끌어내린 할머니는 아이가 제정신이 아닌 것 같다고 가족들에게 말했다. 그해 여름, 그녀는 할머니며 엄마에게 손을 잡혀 전국 방방곡곡의 병원을 돌아다녀야 했다. 병원들은 그녀에게 하나같이 조울증 진단을 내렸다.

하지만 그녀는 자기가 조울증 같은 게 아니라고 생각했다. 그녀는 지붕에서 국어 선생님이 내준 하늘에 관한 작문 숙제를 하고 있었을 뿐이다. 하지만 아무도 듣지 않았다.

그렇게 그녀는 너무 일찍 인생은 자기 뜻대로 흘러가지 않는다는 사실을 깨달았다. 시간이 흐르자 그녀가 인정하지 않아도 주변에서는 그녀를 연민의 눈빛으로 바라보기 시작했다. 마치 세상 모든 사람들이 이렇게 말하는 것처럼 들렸다. "불쌍한 것 같으니라고. 정신병에 걸려서 얼마나 괴로울까."

그녀는 그 시선이 괴로웠다. 사람들은 그녀의 잘못에 끝없이 관대했다. 학교 성적이 좋지 않으면 선생님들이 오히려 그녀를 위로했다. "괜찮아. 문제가 너무 어려웠어." 친구들과 말썽을 피우기라도 하면 가족들은 그녀를 타이르기 보다는 친구들에게 이렇게 말했다. "우리 애와 상대하지 말렴. 마음이 아픈 애란다." 심지어 동네에서 놀다가 어린애를 괴롭혀도 그 애의 부모에게 이런 소리를 들었다. "우리 애가 아직 뭘 몰라서 널 귀찮게 했나 봐." 마치 온 세상이 그녀에게 괜찮다고 말하는 듯했다. 하지만 그녀가 원하는 건 그런 게 아니었다. 세상은 그녀를 있는 그대로 봐 주지 않는 것 같았다.

구조요청 소녀는 제멋대로 행동하기 시작했다. 뭘 하든 다들 그녀를 가련하게 생각했고 추궁하지도 않았다. 그녀는 아무에게도 아무런 기대도 받지 못할 때 사람이 어디까지 비뚤어질 수 있는지 한번 실험해 보기로 했다. 그때부터 그녀는 소위 논다는 친구들과 어울렸다. 담배를 배웠고 술도 늘었고 욕이 입에 붙었다. 예뻐 보여서가 아니라 노는 아이처럼 보이려고 진한 화장도 하고 치마는 되도록 짧게 입었다. 소문이 퍼지자 사람들은 쉽게 그녀에게 접근하지도, 더 이상 가여워 하지도 않았다.

그녀는 때때로 모든 것을 다 얻은 듯하다가도 또 모든 것을 다 잃은 것 같았다. 무한한 자유를 얻은 듯한 기분과 자유를 송두리째 빼앗긴 듯한 기분이 동시에 들었던 것이다. "제가 저를 더 미워하게 된 것만은 틀림없어요. 생각하면 할수록 이 빌어먹을 세상이 너무 불공평하게 느껴졌어요."

한 갑에 7위안약 1300원짜리 싸구려 창바이산 담배 같은 작은 것들이 그나마 위로가 되었다. 이름은 촌스러워도 창바이산을 피우고 나면 긴장이 풀리며 기분이 좋아졌다. 마지막 한 모금을 흡입한 뒤에는 습관적으로 담배를 이로 밀어 바닥에 던지고 힘주어 밟아 껐다. 학교에서 담배를 피우는 것은 아주 번거로운 일이었다. 담배를 다 피우고 나면 손을 박박 문질러 씻은 다음 향이 강한 핸드크림을 듬뿍 발라 줘야 했다. 그러면 몸에서 담배 냄새 대신 기분 좋은 향이 났다.

그녀는 바싹 탄 꼬치와 맥주도 좋아했다. 숯불향이 배어든 양꼬치 위에 고추와 쯔란을 양껏 얹어 한입 뜯으면 뜨거운 눈물이 흘렀다. 그럴 때면 그것이야말로 진짜 인생의 맛이 아닐까라는 몽상에 빠져들었다.

그 밖에도 그녀는 밤에 버스를 탔을 때 유리창에 하얗게 입김을 불어 손가락으로 "fuck this world"라고 쓰기 좋아했다. 아주 조금은 세상에 복수하는 기분이 들었다.

몇 해 전 생일날, 그녀는 세상을 포기하기로 마음먹었다. 그녀는 쓰러지다시피 할 때까지 술을 마시며 친구들과 신나게 놀고 난 다음 집에 돌아와 따뜻한 물로 샤워를 하고 새 옷으로 갈아입었다. 그리고 수면제 한 통을 다 털어 넣었다.

그것이 얼마나 바보 같은 짓이었는지 깨달은 것은 나중이었다. 깊은 잠에서 깨어났을 때 그녀는 완전히 죽어 없어지는 것보단 그래도 살아 있는 게 훨씬 좋다고 생각했다.

하지만 회복은 더디고 힘들었다. 약물이 잘 맞지 않아 그녀는 급격하게 살이 쪘고 기억력도 크게 떨어졌다. 문과생이었던 그녀에게 기억력 저하는 아주 심각한 문제였다. 5분이면 거뜬히 외우던 문장을 50분이 걸려도 외우지 못했다. 그녀는 학교 수업을 따라가지 못해 졸기 시작했고 집으로 돌아오면 인터넷에 빠져 지냈다. 나중에는 툭 하면 수업을 빼먹고 PC방으로 향했다.

점점 주변 친구들은 그녀를 멀리하기 시작했고, 며칠에 한 번씩 학교에 나가고부터는 아예 문제아라는 낙인이 찍혔다. 예전에 함께 놀던 친구들이 예쁜 치마를 입고 오가는 모습을 보며 그녀는 펑퍼짐한 바지를 걸친 자신이 미워 눈물을 떨구었다. 과거 친하게 지내던 친구들은 그녀를 보면 모르는 척하거나 곤란한 미소를 짓고 고개를 숙인 채 빠른 걸음으로 슬쩍 자리를 피했다. 모든 사람이 자신에게서 등을 돌리는 것 같았다. 그녀는 정말 고독했다.

이런 상태가 계속되던 중 그녀는 우리 형제가 쓴 책을 읽었고, 펑펑 울었다.

"당신의 이야기를 다 읽었을 때 저는 방문을 잠그고 밤하늘을 보며 하염없이 눈물을 흘렸어요. 눈물이 마를 때까지 울고 또 울었죠. 저는 열 살 때 부모님이 주신 생일 선물처럼 책을 베개 아래에 두었어요. 제가 새벽까지 공부를 하기 시작하고 더 이상 약물치료를 하지 않게 되었을 때, 제가 친구들에게 적극적으로 다가가고 함께 이 책을 나눌 수 있게 되었을 때, 그때마다 당신에게 진심으로 감사의 인사를 하고 싶었어요."

"저는 아직 열일곱 살이지만 이미 두 번이나 산 셈이에요."

그녀는 점차 회복되었고 정신과 의사를 찾는 횟수도 크게 줄었다. 종종 불안정해지기도 했지만 그녀가 약물치료를 중단하고 일상을 되찾으려는 의지를 꺾을 정도는 아니었다. 그러기에는 멋진 모습으로 거듭나 하고 싶은 게 너무 많았다.

그녀가 변하게 된 결정적인 이유는 무엇이었을까? 그녀는 사람은 언제나 나아질 수 있다고 믿게 된 거라고 말했다. 예전의 그녀는 한번 잘못 든 길은 돌아갈 수 없는 거라고 생각했다. 하지만 이제 그녀는 아직 세상을 잘 모를 때 한 실수는 서서히 회복하면서 갚아 나갈 수 있다고 믿었다.

운명을 이겨내지 못하면 인생의 실패자가 되며, 스스로 배의 키를 잡지 않으면 방향을 잃게 된다. 인생에서 중요한 선택

의 순간에 이르렀을 때 과거의 무게에 짓눌려 있다면 두려움
과 공포에 무릎 꿇고 앞으로 나아가지 못한다. 그래서 구조요
청 소녀는 더 나은 내일을 위해 기꺼이 많은 괴로움을 견디며
자신을 변화시켰다. 스스로 변하려 하지 않는다면 아무것도
할 수 없다. 결국 인생은 자기 손에 달려 있다. 손을 펼칠 것인
지 주먹을 꽉 쥘 것인지에 따라 삶이 갈린다.

그런 의미에서 그녀는 구조요청 소녀가 아니라 '스스로 구
한 소녀'라고 불리는 게 맞겠다. '구하다'는 말에는 거대한 힘
이 깃들어 있다. 사람이 절체절명의 순간에 생명을 구하기 위
해서는 엄청난 의지가 필요하기 때문이다. 그녀는 한 번 죽은
뒤에 다시 살아났기에 더 아름다운 인생을 살 수 있을 것이다.
그녀는 이미 상상조차 할 수 없는 험난한 길을 건너왔다. 이제
그녀의 앞길을 가로막을 수 있는 것은 없다.

내가 물었다. "어린 나이에 많은 일을 겪으면서 정말 힘들었
잖아요. 그런데 그 대신 뭔가 얻은 것이 있어요? 어떤 가치라
든가?" 그녀가 말했다. "인생에 가치가 있고 없고 따위는 중요
하지 않아요. 그냥 여러 가지 일들이 저절로 일어날 뿐이니까
요." 그녀는 난데없이 주어졌던 고통을 억울해 하지도 않았고
과거를 후회하지도 않았다. 사실 후회한다 한들 무슨 소용일
까. 해야 할 일과 할 수 있는 일을 한 뒤에 일어나 웃으며 내일
을 향해 나아가면 될 뿐이다.

하지만 인생은 말처럼 간단한 것이 아니다. 죽기를 바라던 소녀가 마지막엔 웃으며 자신을 구하게 된 것도 간단하지 않았다. 그녀는 밤마다 홀로 방에 앉아 책상 위에 놓인 약병과 친구들이 남긴 "넌 곧 좋아질 거야"라는 메모를 보며 눈물을 흘렸다. 병원에서 의사를 붙들고 "자신의 정신병을 인정하지 못하는 가엾은 우리 아이를 좀 도와주세요"라고 애원하는 부모님을 지켜봐야 했다. 그리고 한때 둘도 없이 가까웠던 친구들이 떠나고 사람들이 호기심 어린 시선으로 그녀를 바라보는 것을 견뎌야 했다. 그런 수많은 고통을 다 이해할 수는 없을 것이다.

수면제를 먹고도 살아났지만 그때부터 먹어야 했던 정신과 약 부작용으로 체중이 급격히 불어났다. 스스로 알아보지도 못할 지경이었다. 정신병에 걸리더니 몸에도 병이 생긴 것 같다는 주변의 수군거림은 얼마나 괴로운 것이었을까. 하지만 그녀는 여전히 다른 평범한 여고생들처럼 대학에 가고 싶어 했고, 좋아하는 옆 반 남학생과 잘되기 바랐다. 해 보고 싶은 것도 많았고 그녀만의 판타지도 있었다.

세상은 예리한 칼날과 같아서 어딜 가든 상처를 입기 마련이다. 겉으로 드러난 외상은 차라리 치료하기 쉽지만 보이지 않는 내상은 치료하기 힘들다. 하지만 우리 안에는 그 마음의 내상을 이겨내는 힘도 있다. 무엇을 바라보느냐, 무엇을 선택하느냐는 자신의 몫이다.

자신을 포기하는 삶과 자신을 사랑하는 삶, 두 갈림길에서 소녀는 결국 자신을 사랑하는 삶을 선택했다.

이유야 어떻든 청춘은 누구나 자신의 삶 앞에서 헤맨다. 상처에 무너지고, 알 수 없는 상실감에 치이고, 세상에 혼자 버려진 것 같은 외로움에 견딜 수 없을 때가 있다. 내가 그러든 말든 세상은 나 없이 잘 굴러 간다. 그것이 더 괴롭다. 젊을 때는 늘 나를 중심으로 세상을 만나기 때문이다.

세상을 원망하기는 쉽다. 그럼에도 불구하고 그런 세상에서 힘을 내는 건 온전히 자신의 몫이다. 그걸 깨닫고 나면 보이는 게 있다. 나 홀로 세상과 싸우는 것 같던 순간에도 사실 늘 그곳에 있었던 사람들의 모습이. 자신 아닌 누군가를 위해, 세상을 위해, 혹은 바로 나를 위해, 힘겹게 한 걸음을 떼고 있는 바로 그 사람들이 보인다.

세상에서 나를 구제해 줄 사람은 오직 자신밖에 없다. 하지만 자신을 구해 낼 만큼 강해지기까지는 그 누군가의 따뜻한 심장이 필요하다. 그 온기로 우리는 괴로움을 견디고 결국 나를 구한다. 그리고 아픔과 상처를 이겨 낸 뒤의 삶이 풍기는 아우라는 이전보다 더 강하고 진하다. 그런 사람이 또 다른 아픈 사람들에게 용기를 준다. 나는 구조요청 소녀가 언젠가 구조소녀가 될 것이라 믿는다.

구조요청 소녀는 최근 웨이보 아이디를 '어찌 집착하는가'에서 '어찌 타락하는가'로 바꿨다. 나는 그녀에게 말했다. "아이디가 너무 촌스럽지 않아? 다른 걸로 바꾸는 게 어때?" 그러자 그녀가 이렇게 답했다. "저는 이게 좋아요. 예전에는 불행이 저를 따라다닌다고 생각해서 저 자신을 소중히 생각하지도 않고 스스로 못살게 굴기 바빴어요. 그런데 지금은 스스로 타락하지만 않으면 어떤 불행도 좋은 기회로 변할 수 있다는 걸 알아요." 그렇게 말하고 그녀는 더 좋은 아이디가 있으면 알려 달라고 했다.

"공주나 여왕이라고 하는 게 어때?"

내 대답을 들은 그녀는 큰 소리로 웃었다.

'구조요청 소녀'는 한때 엉망진창으로 망가져 아무도 가까이 하고 싶어 하지 않는 사람이었다. 그녀는 지금도 깊은 밤에 때때로 또 다른 자신과 싸우고 있지만 서서히 변해 가고 있다. 사랑스럽고 다정한 소녀로 말이다.

그녀의 웨이보 프로필에는 이런 말이 쓰여 있다.

"스스로 구세주가 되어라. 그러면 네가 바로 공주가 되고 여왕이 될 것이다."

힘겨운 친구에게
밥 한 끼 먹이는 것

나는 그가 지키려 했던 것이 무엇인지 안다. 그가 친구에게 먹이려 한 그 밥 한 끼가 무엇을 의미하는지 안다. 소중한 것을 지키는 것이 자신을 지키는 것이다. 힘겨운 친구에게 밥 한 끼 먹이는 것이 삶이다.

생각해 보니 그때가 케이의 인생에서 가장 견디기 힘든 날들이었다.

직장을 잃었고, 집에서도 쫓겨날지도 모르는 마당에 여자 친구는 곁을 떠났다. 설상가상으로 십년지기 친구에게 뒤통수까지 맞아 통장에는 10위안짜리 한 장 남아 있지 않았다. 흔히 상상할 수 있는 모든 불행이 한번에 케이의 인생을 덮친 셈이다.

케이는 하늘이 자기를 버린 게 틀림없다고 생각했다. 그렇지 않고서는 한꺼번에 닥친 불행을 설명할 길이 없었기 때문이다.

하지만 케이에게 남아 있는 것이 있었다. 친구였다.

6월 초의 항저우는 끈적한 습기로 가득했고 장마까지 겹쳐 비가 쉬지 않고 내렸다. 케이는 정오가 되어서야 눈을 떴다. 하늘은 여전히 잔뜩 찌푸린 얼굴처럼 흐리고 우중충했다. 그는 몸을 일으켜 침대 발치에 앉아 라이터를 켰다. 눈썹을 찡그리며 담배를 깊게 빨아들이자 곧 불이 붙었다.

라이터를 켜는 순간 작은 불꽃이 눈앞에서 번쩍였지만 케이는 아무것도 보이지 않는 것 같았다. 그는 담뱃불을 끄고 러닝셔츠와 반바지를 입고 슬리퍼를 질질 끌며 계단을 내려갔다.

라오하이가 케이에게 밥을 사 주겠다며 아침 일찍부터 아래에서 기다리고 있었다.

"이제 나오네. 전화를 수십 통은 걸었다. 왜 그렇게 사람 속을 태워."

"너는 어떻게 엄마보다 잔소리가 더해?"

"그만 투덜거리고 티위창 거리 바오산 다리 쪽으로 가자. 아주 가까워."

앞장선 라오하이는 검은색 우산을 쓰고 있었는데 신기하게도 조그만 우산 아래 그의 거대한 몸이 다 들어갔다.

라오하이가 우산을 케이 쪽으로 받쳐 들자 라오하이의 왼쪽 어깨가 비에 흠뻑 젖어들었다.

"배고프지? 빠바오여덟 가지 진귀한 재료를 넣어서 만든 요리를 먹으면 맛있겠다. 술까지 곁들이면 금상첨화지. 오늘은 내가 한턱 낼 테니 실컷 먹어 보자고!"

케이는 아무런 대꾸도 하지 않았다.

그는 다시 담배에 불을 붙이고 있는 힘껏 빨아들였다. 빗속에 허연 연기를 뿜어 내니 하늘을 나는 신선이라도 된 듯한 기분이 들었다. 라오하이는 어린애처럼 손을 휘저어 담배 연기를 내치며 중얼거렸다.

"담배가 건강에 얼마나 나쁜지 모르는 건 아니지?"

케이는 골초다. 여자 친구가 열심히 말렸지만 하루 두 갑도 부족했다. 스물네 살 미혼에 3년째 임대 아파트에서 살고 있는

51

데, 그것도 계약 만료까지 5개월밖에 남지 않았다. 유명한 외국계 기업에 다녔지만 막상 사장이 틀에 박힌 사람이라 매일 넥타이에 빳빳하게 다린 양복을 입고 용모 단정한 이미지를 유지해야 했다.

케이는 매달 1만 위안을 받았다. 그렇게 들으면 꽤 풍족한 생활을 할 것 같지만 실상은 그렇지 않았다. 그도 그럴 것이 엄마 계좌로 5천 위안을 보내고 월세 2천 위안을 내고 나면, 나머지 3천 위안은 여자 친구와 강아지에게 들어가기 때문이다.

여자 친구 바이허는 케이의 대학 동창으로 모델 일을 했다. 모터쇼나 패션쇼가 있을 때마다 화려하게 차려입고 나가는 그녀는 케이가 야근을 하고 집으로 돌아오면 이미 엉망으로 취해 아무데나 누워 있었다. 그런 바이허를 돌보는 일은 언제나 케이의 몫이었다.

케이도 그녀의 목덜미에 찍힌 키스마크를 발견할 때면 뺨이라도 갈겨 깨우고 싶은 마음이 굴뚝같았다. 하지만 이내 그녀가 가엾어졌다. 케이는 매번 잠자코 바이허의 옷을 갈아입히고 수건을 따뜻한 물에 적셔 얼굴을 닦아 주었다.

그가 베란다에 홀로 앉아 담배를 피우고 있으면 그녀는 웩웩거리며 토사물을 게워 냈다.

그는 바이허를 미워했고, 바이허도 그를 미워했다. 그녀는 케이가 일밖에 모르고 재미없는 사람이라고 불만을 토했다.

어떻게 옷까지 오로지 양복뿐이고 제대로 된 일상복 한 벌이 없냐고 면박을 주었다.

그녀는 몇 번이나 케이를 끌고 친구들 모임도 나가 보았지만 그는 어울리지 못하고 술만 마셨다. 한번은 케이가 레스토랑 화장실에서 구토를 하고 있는데 밖에서 남자들의 대화가 들렸다.

"바이허도 눈이 멀었지. 같이 온 남자 봤어? 개털에 생긴 것도 장난 아니야."

"바이허도 뭐 볼 거 없잖아. 헤프기까지 하고."

"하하하."

만취한 케이는 그들에게 달려들어 주먹을 날릴 만한 힘도 없었다.

바이허는 케이와 쇼핑할 때마다 값비싼 옷을 입어 봤고, 케이는 그것을 늘 못마땅해 하며 직접 옷을 벗겨 종업원에게 건네주었다. 그러면 바이허는 자기 분에 못 이겨 눈물을 떨어뜨리며 이제 창피해서 항저우 가게 어디도 못 들어가게 됐다며 씩씩거렸다.

두 사람은 가치관이 전혀 달랐다. 케이는 그녀가 왜 그렇게 비싼 옷을 입어야 하는지 이해하지 못했다. 바이허는 모델은 자리에 걸맞은 화려한 옷이 필요하다고 주장했다. 결국 화가 난 케이는 "그 빌어먹을 자리에서는 옷을 걸칠 필요가 없지 않아?"라고 소리치고 말았다.

　나중에 바이허와 헤어지고 나서 케이는 약점을 후벼 파며 그녀를 괴롭힌 일을 두고두고 후회했다.

　케이는 시골에서 태어났다. 그는 가족들이 애써 기른 돼지를 잡아 자기를 공부시키고 생활하는 모습을 보며 자랐다. 바이허는 그가 힘들게 번 돈을 고향의 부모님에게 부치는 모습을 보며 자신을 사랑하지 않는 것 같다고 툴툴댔고, 여자 친구하나 잘 돌보지 못하는 인간이라며 볼멘소리를 했다.

　하지만 케이는 자신의 삶에 만족했다. 그는 영업부 팀장으로 승진해 신상품을 출시하고 올해의 판매왕이 되고 싶다는 소박한 꿈이 있었다. 그는 개를 한 마리 길렀는데, 비싸게 주고 데려온 녀석은 아니지만 자신과 똑같이 먹이며 살뜰히 보살폈다. 개는 병치레 한번 안 하고 착한 아이처럼 케이의 곁을 지켰다. 케이에게는 크지는 않지만 매일 아침 사랑하는 사람을 위해 우유를 데우고 전날 사다 놓은 빵을 구울 수 있는 집이 있었다. 부리나케 옷을 입고 집을 나설 때마다 침대에서 아이처럼 귀엽게 투정을 부리는 바이허도 함께였다.

　케이는 정말 행복했다.

　동료들은 그를 머슴이라고 놀렸지만 케이는 개의치 않았다. 그저 그녀와 함께 있을 수 있는 시간이 소중했다.

하지만 이젠 그런 것도 모두 과거가 되었다.

여름의 항저우는 밤이면 네온사인 열기로 뜨겁게 달아올랐고 아침이면 바쁘게 걸어가는 사람들이 거리로 쏟아졌다. 그 한가운데 우뚝 솟은 빌딩은 도시의 풍경을 장식했다. 그해 여름에는 텔레비전은 물론이고 지하철과 상점의 대형 모니터마다 오디션 프로그램 〈슈퍼걸超級女聲〉이 방영되었다. 프로그램에 출연하는 정이커曾轶可는 차가워 보이는 인상과 달리 부드러운 목소리로 인기를 끌었다. 또 다른 참가자인 리우시쥔刘惜君을 응원하는 소녀 팬들은 진한 화장에 똑같은 옷을 입고 거리에서 홍보용 전단지를 나눠 주었다.

예전 같으면 케이는 정장차림에 무표정한 얼굴로 "실례합니다"라고 외치며 빠르게 인파를 헤치고 높이 솟은 빌딩으로 들어갔을 것이다. 하지만 그는 프로젝트를 둘러싸고 갈등을 겪던 상사와 다투다 해고되고 말았다.

거기다 살던 집의 계약 기간이 끝나가자 케이는 집주인을 피하기 위해 어쩔 수 없이 친구들의 집을 전전하며 신세를 졌다. 다거우 집에서 하룻밤, 샤오창 집에서 하룻밤을 청하는 식이었다. 그런데 엎친 데 덮친 격으로 알고 지낸 지 10년이 넘은 친구에게 가진 돈을 사기 당했다. 케이는 더 갈 곳이 없었다.

라오하이가 케이에게 밥 한 끼를 사 먹인 것은 그때였다.

며칠 지나 여전히 막다른 골목에 선 케이에게 바이허가 연락해 왔다. 케이는 그녀의 전화를 받고 너무 흥분한 나머지 말도 제대로 하지 못했다. 바이허는 지금 너무 힘들어서 그에게 기대고 싶다고 했다. 케이는 바이허가 호텔 체인점을 운영한다는 사장 놈에게 차였다는 사실을 알았다.

그날 저녁 케이와 바이허는 술을 진탕 마셨다. 바이허는 울면서 케이를 자기 여자 친구 하나도 제대로 못 지키고 밖으로 돌게 만든 쓰레기 같은 놈이라고 욕했다. 케이는 "그 새끼도 너를 밖으로 내돌린 건 마찬가지잖아. 그래도 나는 널 버리진 않았지"라고 말하며 울다가 웃기를 반복했다.

둘은 캠퍼스 최고의 커플이었다. 바이허는 퀸카로 이름을 떨쳤고 케이 또한 머리 좋기로 유명했다. 두 사람은 매일 함께 도서관을 다녔다. 바이허는 패션잡지를 봤고 케이는 선형대수학을 공부하며 저녁노을이 질 때까지 도서관을 지켰다. 한번은 두 사람이 캠퍼스를 걷다가 비가 내린 적이 있었는데 케이는 자신이 젖는 것은 아랑곳하지 않고 옷을 벗어 바이허에게 씌워 주었다. 바이허는 얼른 기숙사로 뛰어가 수건을 가지고 나와 케이의 옷을 뽀송뽀송하게 말려 주었다.

그날 이후 케이의 친구들은 바이허를 보기만 하면 장난기가 발동해 '제수씨'라고 부르며 자기 옷도 좀 말려 달라고 짓궂게

놀렸다. 케이는 매번 그들을 뜯어 말리며 멀리 내쫓고는 다정한 표정으로 바이허의 화를 풀어 주었다.

바이허가 말려 준 옷에서는 항상 그녀의 향기가 났다.

사람들은 두 사람을 '인생의 승자'라고 불렀다.

바이허는 케이에게 팀장에게 뒤통수를 맞은 거냐고 물었다. 그는 잠시 망설이다가 이내 회사에서 잘린 일은 얘기하지 않기로 하고 입을 다물었다. 대신 취기를 빌려 그해 말까지 자신의 꿈을 반드시 이룰 거라며 아직 몇 개월 남았다고 큰소리쳤다. 바이허는 환하게 웃었다. 그녀의 이름처럼 백합꽃 같은 미소였다.

이번에는 케이가 바이허에게 앞으로 어떻게 살고 싶은지 묻자 그녀는 좋은 남자를 만나 가정주부가 되고 싶다고 했다. 두 사람은 아무 말 없이 계속 술을 마셨다.

케이는 바이허의 부축을 받으며 술집을 나섰다. 바이허는 잔뜩 술에 취한 케이에게 잔소리를 했다. "여전하구나. 술은 내가 더 마신 것 같은데."

"그러네. 늘 이렇게 돼 버려."

케이는 바이허의 차 뒷좌석에 누운 채로 시트 한가득 토사물을 게워 냈다.

케이는 바이허가 자신을 집으로 데려가 옷을 갈아입히고 수

건을 따뜻한 물에 적셔 얼굴을 닦아 주는 상상을 했다. 케이는 농담인 척 물었다. "우리가 다시 사귀면 헤어지지 않을 수 있을까?" 바이허는 차라리 예전으로 돌아갔으면 좋겠다고 대답했다.

케이는 큰 소리로 웃고 취하면 늘 나오는 애창곡을 부르기 시작했다. 잠시 후 전화를 받은 바이허는 케이의 입을 막았다. 그리고 뭔가와 부딪치는 큰 소리가 났다. 케이는 머리가 심하게 어지러웠다.

바이허는 만취한 케이를 태운 자동차를 운전하던 중에 50만 위안짜리 일을 소개시켜 주겠다는 호텔 사장의 전화를 받았다. 그녀는 "꺼져 버려!"라고 소리질렀다. 하지만 고래고래 내지르는 케이의 노랫소리에 묻혀 욕하는 보람이 없었다. 그래서 바이허는 몸을 돌려 뒷좌석에 누운 케이의 입을 손으로 막고는 전화기에 대고 몇 번이고 "꺼져!"라고 외쳤다.

바이허는 전화기 너머의 전 남자 친구에게, 그리고 자신에게 화가 치밀어 올랐다.

"당장 꺼져 버려, 이 나쁜 놈아. 다시는 연락하지 마!"

바이허가 다시 고개를 앞으로 돌렸을 때 차는 이미 중앙선을 훌쩍 넘었다. 그들이 탄 차는 순식간에 마주 오던 차와 충돌했다.

커다란 불꽃이 하늘 위로 치솟았다.

바이허는 그 자리에서 즉사했다.

케이는 생명은 붙어 있었지만 위독했다.

시간이 흘러 정신이 든 케이는 그때서야 자신의 상태를 깨달았다. 그의 몸에는 수많은 주사바늘과 튜브가 연결되어 있었고 가운을 입고 마스크를 쓴 사람들이 눈만 드러낸 채 옆을 지키고 있었다. 주변 의료기기에서는 기계음이 쉬지 않고 들려왔다.

케이는 평생 누워 있어야 하는 식물인간이 되었다.

케이가 탄 차와 부딪친 차에는 라오하이가 타고 있었다. 라오하이는 다행히 몸은 움직일 수 있었지만 뇌에 손상을 입었다. 라오하이는 더 이상 자신이 누군지조차 기억하지 못했지만, 케이가 자신의 친구라는 것을 알았다. 가족들이 아무리 말려도 그는 매일 케이의 병실을 찾아가 돼지고기 볶음을 먹이려 했다. 하지만 영양액을 공급하는 튜브로는 음식을 줄 수 없다는 사실을 들을 때마다 눈물을 글썽였고, 어떨 때는 흥분해 발을 구르며 어쩔 줄 몰라 했다.

케이는 식물인간이 되었지만 뇌손상은 입지 않아 의식은 온전했다. 그는 바이허가 운전한 차가 사고를 냈다는 사실을 알게 되었다. 그는 교통사고만 없었다면 두 사람은 다시 함께할 수 있었을지도 모른다고 생각했다. 케이는 영문도 모른 채 사고를 당한 라오하이에게 사과하고 싶었지만 입술도 달싹거릴 수 없었다.

라오하이는 매일 환자복을 입은 채 케이의 병실로 찾아와 계속 음식을 먹이려고 했다.

케이가 마지막으로 눈을 감는 순간, 뜨거운 눈물이 하염없이 흘러내렸다. 케이는 라오하이가 우산을 씌워 주며 자기 몸으로는 비를 맞던 모습을 떠올렸다. 그리고 그가 깨어났을 때 바이허가 아침밥을 차려 주는 상상을 했다. 그녀가 깨끗하게 빨아 놓은 옷을 베란다에 널면 시원한 바람이 불 때마다 그녀의 향기가 퍼졌다.

케이는 눈을 감기 전에 바이허의 향기를 맡을 수 있었다.

나는 라오하이를 초등학교 1학년 때부터 알고 지냈다. 그때부터 우리는 서로의 집을 들락거리며 놀았다. 라오하이의 집에 가면 요리를 할 줄 모르는 그의 아버지는 음식을 사 와서라도 우리를 먹였다. 내가 공부를 마치고 고향으로 돌아온다고 하자 라오하이는 정말 기뻐하면서, 특별히 아버지가 새로 뽑은 차를 몰고 마중 오려고 했다.

그날 라오하이를 기다리는 시간이 평생처럼 길게 느껴졌다.

라오하이는 어릴 때부터 먹는 것을 좋아해 닥치는 대로 먹고 보았다. 친구들은 그가 바다처럼 큰 위를 가졌다 하여 '라오하이바다'라고 불렀다. 그는 늘 사람이라면 소중한 것을 지킬 줄 알아야 한다고 말했다. 라오하이는 부모가 서로를 미워해 으르렁대며 살아가다 이혼하는 것을 지켜보며 컸다. 나는 그가 지키려 했던 것이 무엇인지 안다. 그가 친구에게 먹이려 한 그 밥 한 끼가 무엇을 의미하는지 나는 안다.

소중한 것을 지키면 곧 나를 지킨다. 힘겨운 친구에게 밥 한 끼 먹이는 것이 삶이다. 그는 세상에 무엇도 영원하지 않으며, 그러기에 미루지 않고 순간순간 소중한 것을 지켜야 하고 그게 삶의 전부란 것을 잘 알고 있었다. 그렇지 않으면 언젠가 대가를 치르게 된다는 것까지도.

라오하이는 늘 말했다. "인생의 진리는 단순해. 먹어야 할 때 먹고 마셔야 할 때 마시면 그만이지. 기다리기만 하면서 살면 어느 날 갑자기 교통사고로 죽어 버렸을 때 엄마가 얼마나 원통해 하겠어."

잘 가,
'먼 곳 선생'

요즘은 너한테도 여자 친구한테도 신경을 쓸 수가 없었어. 그런데 빌어먹을 내 꿈 만큼은 포기가 안 되더라.

다시 그를 만났을 때 그는 예전보다 훨씬 말라 있었다.

나는 웃으며 그의 짐을 받아들고는 말했다. "넌 어떻게 점점 원숭이를 닮아가는 것 같지?" 그러자 그가 갑자기 발걸음을 멈추고 정색하며 나를 노려보았다. "그거야 너만큼 잘 지내지 못하니까 그렇지."

그러더니 메고 있던 가방도 벗어 내게 떠넘긴 채 뒷짐을 지고 팔자걸음으로 앞장서 걷기 시작했다.

나는 멍하니 서 있다가 뒤에서 달려오는 기차의 요란한 경적 소리에 번뜩 정신을 차리고 발걸음을 옮겼다.

앞서 간 깡마른 녀석은 고등학교 때 나와 친하게 지내던 몇 안 되는 친구로 '먼 곳 선생'이라는 별명을 가지고 있었다. 그는 잘생긴 편은 아니지만 눈이 크고 또렷했는데 풀리지 않는 문제를 맞닥뜨리거나 예쁜 여학생을 만나면 그 두 눈을 빠르게 깜박거렸다. 고등학교 1학년 자기소개 시간에 그는 아직 꿈이 뭔지는 잘 모르겠지만 아주 먼 곳에 있을 거라고 말한 순간부터 '먼 곳 선생'이라는 별명을 갖게 되었다.

그가 자기소개를 다 마쳤을 때 누군가 "바보 같은 놈"이라고 놀린 기억이 난다.

먼 곳 선생은 어딘가 바보 같은 구석이 있긴 했다.

먼 곳 선생은 조금도 변하지 않았다. 역에서 나와 내가 택시를 잡으려 하자 그가 말렸다. "아직 뭘 모르네. 베이징은 차가 막혀. 이 시간대에 택시를 탔다간 도로 위에 꼼짝없이 갇히고 만다고." 그는 나를 데리고 지하철 타는 곳으로 갔다. 점심시간이라 그런지 지하철역은 사람들로 붐볐다. 그는 익숙한 듯 여유롭게 앞으로 나아갔지만 가방을 몇 개나 메고 뒤따르던 나는 온몸이 땀범벅이 되었다.

그는 기진맥진한 내게 웃으며 휴지를 건넸다. 그의 웃음은 고등학교 시절 그대로였다.

늘 가겠다, 가겠다 말만 하던 먼 곳 선생이 정말 베이징으로 나를 찾아왔으니 나는 북경오리를 사 주려고 했다. 그는 단칼에 거절하더니 칭화대학 근처의 국숫집으로 나를 끌고 갔다. 그러곤 메뉴판도 보지 않고 우육면 두 그릇, 냉채 두 접시에 맥주를 두 상자나 시켰다. 조금 있으니 커다란 그릇에 기름이 둥둥 떠다니는 국물 위로 넓적한 쇠고기 두 점이 푸릇푸릇한 청경채 위에 살포시 얹혀 나왔다. 작은 국숫집이지만 쇠고기 국물만큼은 제대로 우려낼 줄 아는 곳이었다. 먼 곳 선생은 우육면에 고수와 고추를 듬뿍 넣고 휘휘 저으며 말했다. "왜 안 먹고 있어? 어서 먹어 봐."

"맥주를 두 상자나 마시는 건 너무 배부르지 않을까?"

"그럼 맥주 두 상자부터 마시면 되겠네."

나는 깜짝 놀라 두말없이 젓가락을 들고 우육면을 입속으로 집어넣었다. 장난스럽게 쳐다보는 먼 곳 선생과 눈을 마주치고 함께 웃었다. 하하하.

먼 곳 선생과 나는 같은 반 짝꿍으로 처음 만났다. 우리 둘은 1등을 놓고 경쟁했으며, 체육부장이 되기 위해서, 여자애들에게 더 많은 인기를 얻기 위해서도 경쟁했다. 심지어 식당에 마지막 남은 갈비를 차지하는 것도 절대 양보하지 않았다.

사사건건 서로가 잘났다고 경쟁하다 보니 우리는 어느새 서로에 대해 잘 알게 되었고, 상대방만큼 좋은 라이벌은 없다고 생각하게 되었다.

우리가 각자 문과와 이과를 선택하면서 나는 2층으로, 먼 곳 선생은 1층으로 갈리게 되었다. 하지만 우리는 여전히 매일 식당에서 같이 밥을 먹고 도서관으로 향했다. 고등학교 3학년 때 내가 학교 근처로 방을 옮기자 그도 같은 동네로 이사했다.

내 방 베란다는 먼 곳 선생의 창문을 마주하고 있었다. 우리는 매일 밤 매시 정각에 손전등을 흔들어 깨어 있다는 신호를 보냈다. 그렇게 밤 11시부터 새벽 2시까지 서로를 감독하며 공부를 했다.

우리는 지지 않으려고 억지로 잠을 참으며 이를 악물었다. 나는 너무 졸려서 정각에 알람을 맞추고 쪽잠을 자다가 알람이 울리자마자 벌떡 일어나 손전등을 흔들어 공부하는 척하기도 했다.

그런 날 아침이면 먼 곳 선생은 정말 신기하다는 목소리로 내게 밤새 공부하고도 어떻게 아침에 졸지 않고 또랑또랑한 정신을 유지할 수 있냐며, 비법이 무엇인지 물었다. 나는 고개를 숙이고 자못 진지한 말투로 대답했다. "아무래도 꿈에서 충분히 휴식을 취하기 때문인 것 같아."

하지만 곧 어리둥절해 하는 그의 눈 밑에 길게 내려온 다크써클을 보고 웃음을 터뜨리고 말았다. 그때 우리는 서로의 버팀목이었다.

먼 곳 선생의 목표는 칭화대학교 건축학과였고, 내 목표는 대부분의 문과생이 그러듯 베이징대학교였다. 그래서 그가 물리를 공부할 때 나는 지리를 공부했고, 그가 수학에 집중할 때 나는 암기에 집중했다. 공부를 하다 가끔 고개를 들어 그의 책을 쳐다보면 그는 늘 "넌 봐도 몰라"라며 톡 쏘았다. 그러면 나는 골이 나서 다시 고개를 숙이고 인민대표대회 제도를 달달 외웠다.

아무리 책을 봐도 더 이상 아무것도 머리에 들어오지 않던 어느 날 우리는 학교 운동장 잔디밭에서 잠시나마 빈둥거렸다. 석양이 먼 곳 선생의 얼굴을 비추고 있던 그때, 우리는 두 손으로 머리 뒤를 받친 채 다리를 꼬고 누워 언젠가 원하는 대학에 들어가리라 다짐했다. 그리고 나중에는 집, 차에 전용기까지 있는 그런 최고의 인생을 살아 보자고 큰소리쳤다.

입시가 끝나고 나는 베이징대에 합격했다. 하지만 먼 곳 선생은 물리와 화학 답안지를 바꿔서 작성하는 바람에 객관식을 절반 이상 틀리고 말았다. 되는 대로 시베이西北 지역의 대학에 들어갈 수밖에 없었다.

그는 무려 한 달 동안이나 종적을 감췄다. 어쩌다 그를 마주치면 술을 궤짝으로 가져다 놓고 마시고 있었다. 당시 먼 곳 선생이 가장 많이 하던 말은 이랬다.

"하늘이 나를 가지고 노는 것 같지 않아?"

"손바닥에 담배로 지진 상처 설마 네가 만든 거야?"

"그래. 나를 완전히 토막 내서 세상에서 사라지게 하고 싶어서 그랬어."

베이징에서 시작한 대학 생활은 모든 것이 새롭고 빨라 고향 생각할 새도 없었다. 하지만 간간히 먼 곳 선생의 소식이 들려왔다. 들어간 대학에서 적응하지 못하고, F학점을 받은 강의도 몇 개나 된다는 식이었다. 하지만 그는 언제나 장학금을 받았고, 상장을 몇 개나 휩쓸었다는 내용의 문자를 보냈다. 나는 뭐라고 말해야 할지 몰라 그저 축하한다는 말만 반복했다.

먼 곳 선생은 다시 시험을 봐서 칭화대학에 가고 말 테니 베이징에서 자신을 기다려 달라고 당부하기도 했다. 시간이 나면 나를 보러 베이징에 오겠다고도 했다.

드디어 2년 만에 나타난 그는 시베이 특산품이 가득 담긴 커다란 상자를 들고 왔다. 내 기숙사에 며칠 묵으며 자신이 꿈에 그리던 칭화대학을 둘러보고 싶다고 말했다.

알고 보니 나를 데려간 그 국숫집은 먼 곳 선생이 예전에 몇 번 왔던 곳이었다. 맥주 한 박스를 다 마셨을 때 그는 사실 칭화대학 근처는 나보다 빠삭하게 알고 있다고 말했다.

"요즘은 너한테도 여자 친구한테도 신경을 쓸 수가 없었어. 그런데 빌어먹을 내 꿈만큼은 포기가 안 되더라."

먼 곳 선생은 몇 번이나 몰래 베이징에 왔었다. 그는 지방 대학에 들어가야 한다는 현실을 인정하기 힘들었다. 황량한 시베이에서 기다리는 짓 따위는 하고 싶지 않았다. 그래서 생활비를 아껴 베이징행 기차표를 사서 칭화대학으로 갔다. 그는 캠퍼스를 구경하고 강의를 도강하다가 저녁이 되면 기차역에서 잠을 청했다. 기차역에는 사람이 많아서 밤에도 비교적 안전했다. 그리고 다음날에도 칭화대학으로 돌아가 캠퍼스를 돌아다니거나 강의를 들었다. 점심때가 되면 이 국숫집으로 왔는데 맛은 그저 그래도 값이 싸고 양도 충분했기 때문이다.

그는 내게 전화를 할 수 없었다고 했다.

먼 곳 선생은 울면서 2년 동안 나를 속인 것에 대해 사과했다. 그는 시베이에서 엉망진창으로 생활했고 아무 여자하고나 되는 대로 사귀었다. 공부에도 손을 놓아 학사경고를 받기도 했다. 하지만 그는 여전히 현실에 수긍할 수 없었다. 운명이 자신에게만 잔인한 것 같았다.

먼 곳 선생은 닭똥 같은 눈물을 흘리며 일어서더니 크게 휘청거리고는 부축하려는 나를 끌어안으며 엉엉 소리 내어 울기 시작했다. 그는 "미안해"라는 말을 반복했다.

그는 그동안 나를 원망했다고 털어놓았다.

밤이 되자 국숫집 사장은 계산대 뒤쪽에 턱을 괴고 서서 평온한 눈빛으로 우리를 바라보고 있었다. 마치 우리가 바닥에 토해도 신경 쓰지 않을 것 같은 얼굴이었다.

우리는 무거운 짐과 아직 마시지 못한 술을 들고 비틀거리며 칭화대학으로 향했다. 밤 12시가 다 된 칭화대학 캠퍼스는 아주 고요했다. 휘영청 밝은 달빛이 쌓인 낙엽 위로 쏟아져 아름다운 풍경을 만들었다.

나는 먼 곳 선생과 함께 어딘지 모를 잔디밭에 쓰러졌는데 눈을 떠 하늘을 보니 수많은 별들이 곧 떨어질 것 같았다.

먼 곳 선생은 미친 사람처럼 고함을 질러댔는데 아무도 말리러 나오지 않았다.

만취한 나도 큰 소리로 떠들어 댔다. "예전에 네가 칭화대학에 못 가면 칭화대 연못에 오줌을 갈기겠다고 하지 않았어?"

그는 큰 소리로 웃었다. "그래! 칭화대에 오줌을 갈기자!"

우리는 함께 눈물을 흘리며 고함을 쳤다. "빌어먹을 꿈에 오줌을 갈기자!"

먼 곳 선생은 나를 끌어안고 아주 오랫동안 울고 나서 정신없이 잠에 빠졌다. 나는 그의 느린 숨결과 깨지는 꿈의 소리를 들을 수 있었다.

아침에 눈을 뜨니 중천에 걸린 태양 때문에 눈이 부셨다. 주변에는 자전거를 타고 강의를 들으러 가는 학생들이 분주히 왔다 갔다 했다. 정신을 차리고 일어나 앉으니 긴 꿈을 꾼 것처럼 머리가 무거웠다.

그런데 먼 곳 선생과 그의 짐은 보이지 않았다.

나는 숨이 차도록 뛰어 기숙사로 돌아갔다. 배터리가 나간 휴대폰을 충전기에 꽂아 켜 보니 그에게 문자가 와 있었다.

"나 기차역이야. 학교에서 해야 할 일들이 많아서 먼저 간다. 다음에 또 베이징에 오면 보러 갈게. 베이징대학을 아직 못 가 봤네. 네 기숙사에서 빌붙으려고 했던 계획은 다음으로 미룰 게. 급하게 오느라 토산품까지 챙겨 와 버렸어. 헤헤. 그리고 어제 국숫집에서 계산을 안 한 것 같아. 네가 가서 계산 좀 해 줘. 다음에는 내가 살게. 아, 그리고 넌 주량 좀 늘리는 게 좋겠어. 이대로는 안 된다고. 잔소리가 길었네. 이만 갈게. 다음에 또 보자."

나는 참았던 눈물이 갑자기 터져 나와 실성한 사람처럼 통곡했다.

영문을 모르는 룸메이트는 내게 아무것도 묻지 않았다.

베이징은 그대로다. 밤이면 불야성을 이루는 중심가와 비좁은 지하철, 눈코 뜰 새 없이 바쁜 사람들, 끊이지 않는 차량의 행렬, 값싼 조립식 건물과 거리에서 노래하는 예술가들, 그리고 길고양이들의 모습까지 변한 게 없다.

길을 걷다 보면 가끔씩 먼 곳 선생과 맥주잔을 부딪치던 소리가 떠오른다.

인생이 내 뜻대로 풀리지 않을 때, 친구와 술 한잔하는 것. 어쩌면 그것이 젊음 아닐까.

잘 가, '먼 곳 선생'.
다음에 또 만나자.

힘껏 부딪치고
넘어졌더라도

나 역시 스스로 형편없다며, 쓸모없다며 나를 미워하기만 했던 시간들이 있었다. 하지만 청춘이기 때문에 방황할 수 있고 좌절할 수도 있다고 믿는다. 어떤 밤들이면 꿈은 절대 이루어지지 않을 것 같고, 내가 세상에서 가장 외로운 존재인 것만 같다. 오늘은 괴로우니 잔뜩 취하고 내일 다시 생각해 봐야지 했다가도 다음날이되면 게으름을 피운 내가 싫다.

하지만 때때로 넘어진다고 해도 두려워할 필요는 없다. 내가 원하는 인생에 대해 생각할 시간은 충분하다.

나는 북방의 작은 도시에서 태어났다. 베이징대학에 들어갔다고 하면 어렸을 때부터 천재의 두각을 드러냈을 거라고 생각하는 사람들이 많다. 그렇지만 나는 초등학교 1학년 때는 예비 초등학생반으로 잠시 쫓겨났을 정도로 늦된 아이였다. 겨우 다시 1학년으로 복귀했을 때는 이미 다른 친구들을 따라갈 수 없었다. 그 와중에도 나는 승부욕만큼은 넘쳐서 뻔뻔하게 반장 선거까지 나갔다. 선생님은 내게 예비 초등학생반에서 올라온 지 얼마 안 됐으니 서두르지 말라고 타일렀지만, 나는 아무것도 안 들린다는 듯 반장 선거에 나가게 해 달라고 생떼를 부렸다.

소란을 벌여 가며 참여한 반장 선거에서 나는 보기 좋게 떨어지고 말았다. 그런데 불과 다음 해부터는 성적이 쭉쭉 올라 우등생들만 가입하는 제1소년선봉대에 들어갔고, 서예와 사생 대회에서도 1등상을 탔다. 그러자 반장 선거도 손쉽게 이겼다.

열등생에서 우등생으로 변한 내 모습에 적잖은 사람들이 놀라워했다. 하지만 저절로 이룬 것은 아니었다. 1년 전 반장 선거에서 떨어진 날 나는 혼자 얼마나 서럽게 울었는지 모른다. 그때 나는 처음으로 서약서를 썼다. 앞으로 절대로 비웃음거리가 되지 않고, 멋지고 '우수한 사람'이 되겠다고 스스로에게 약속했다. 내 기준에서 우수한 사람은 공부와 예체능도 잘하고 인간관계도 좋아야 했다. 그 후 나는 정말 그렇게 되려고 늘 애썼다. 그러다 보니 언젠가부터 친구들이 앞다투어 나와 함께 놀고 싶어 했다. 그 서약서는 아마 내 인생 최초의 허세가 아닐까 싶다. 그런 허세와 오기는 내 힘이기도 했다.

공부를 잘하게 되었다고 잘난 척하던 나는 막상 중학교에 들어갈 때는 형과는 다르게 성적이 미달돼 시험비를 면제받지 못해 가슴을 앓았다. 시험비는 수천 위안이나 되었고, 나는 산악자전거를 사려고 1년 동안 모은 돈까지 고스란히 보태야 했다. 그렇게 간신히 입학했지만 허세에 걸맞은 모습이 되려는 내 오기가 또 힘을 발휘해 2학년 때부터는 우등생 대열에 당당히 합류할 수 있었다. 반에서 1등을 놓치지 않았고, 전 학년을 대표해 국기 게양대 앞에서 연설을 했다. 물론 반장 역시 따 놓은 당상이었다.

나는 허세가 좀 심하긴 해도 내 결점도 잘 알고 인정할 줄 안다. 그래서 내가 한때 울보였던 사실도 인정한다. 처음으로 부모님께 크게 혼났을 때, 처음으로 학교 친구들에게 비웃음을 당했을 때, 처음으로 가족들이 나 때문에 큰돈을 썼을 때, 처음으로 좋아하는 여자 친구에게 거절당했을 때 나는 펑펑 울었다. 하지만 나는 눈물을 닦을 줄도 아는 사람이다. 다 울고 나면 씩씩 숨을 내쉬며 스스로 눈물을 닦았다. 그리고 마음속으로 욕을 한바탕한 뒤에 다시 얌전히 앉아 서약서를 썼다.

서약서를 쓰며 나는 앞으로 시험을 잘 봐서 다시는 부모님의 지갑에서 입학금이 나가는 일이 없도록 하겠다고 다짐했다. 또 스스로 보기에 하찮은 사람이 되지 않겠다고 다짐했다.

나는 걷다가 비틀거리며 넘어져도 다시 일어났다. 나는 아직 인생을 잘 모르지만 시간은 흐르고 내일의 태양은 반드시 뜬다고 믿는다.

주변을 둘러보면 불평불만이 많은 사람들이 있다. 얼굴이 못생겨서 결혼을 할 수 없다, 머리가 나빠서 성적도 나쁘다, 가정 형편이 안 좋아서 친구가 없다, 아첨을 못해서 기회를 놓쳤다, 일에 실수해서 욕을 먹었다, 부모님과 자주 만나지도 못하는데 툭하면 싸운다, 실연을 했는데 직장까지 잃었다 등등. 인생은 시련의 연속이고 유독 그들에게만 불공평한 것 같다.

하지만 인생의 괴로움은 아무도 피할 수 없다. 아직 길지 않은 인생이지만, 나 역시 주어진 현실을 받아들이고 나아가는 일이 아프고 어려웠다. 하지만 시간이 지나면 당시 힘겹게 견뎠던 일들이 나를 키웠다는 것을 깨달았고 오히려 감사하게 되었다. 시련과 고통의 순간에 비겁해지지 않는다면 그곳에 성장이 있다고 나는 믿는다.

고등학교 시절은 내 청춘에서 잊지 못할 시기다.

나를 잘 모르는 사람들은 내가 똑똑해서 베이징대학에 입학했다고 말하지만, 나를 잘 아는 사람들은 내가 미련해서 베이징대학에 들어갔다고 말한다. 맞다. 나는 상당히 미련한 사람이다. 내가 이룬 것들은 모두 아주 조금씩 앞으로 나아간 결과 달성한 것들이다. 나는 그 약간의 전진을 위해 밤낮 없이 노력해야 했다. 수백 개의 연습문제를 풀고 나서야 하나의 실전문제를 맞출 수 있었던 것처럼 말이다.

그런 시간들은 내게 세상에 거저 얻어지는 것은 없다는 것을 가르쳐 주었다.

고등학교 1학년 때 수학 선생님은 나만 보면 모자란 아이라고 불렀는데, 우스개만은 아니었다. 난 정말 지독할 정도로 수학을 어려워해서, 어떤 친구는 내가 함수를 이해하지 못하는 유전자를 가졌다고 말하기도 했다. 숙제를 받으면 절반밖에 완성하지 못해 쩔쩔매던 내 모습과 시험 시간에 흐르던 비지땀과 빨갛게 비가 내리던 시험지도 생생히 떠오른다.

나는 수업 시간마다 빨강, 파랑, 검정 펜으로 수업내용을 노트에 빼곡히 적기 시작했다. 쉬는 시간에 물 마실 시간도 아껴가며 수업의 요점과 내가 이해하지 못한 것들을 모두 기록했다. 그리고 서너 권의 참고서를 사서 아무리 바쁜 날에도 시간을 내서 연습문제를 풀었다. 시험이 끝나면 시험문제를 철저히 분석했고 문제를 출제한 사람의 의도를 파악하려고 노력했다. 그때마다 떠오르는 생각과 내 느낌까지도 빠짐없이 노트에 적었다.

조금이라도 의아한 것이 있으면 하루에도 교무실을 수차례 오가며 선생님을 괴롭히다 보니 절대 뛰어넘을 수 없는 장벽 같던 수학이 점점 친근해졌다. 고등학교 3학년 때 나는 열두 권의 요점노트와 열 권의 오답노트를 채웠고, 어떤 연습문제와 시험지도 놓치지 않았다. 수학 점수는 두 자릿수에서 세 자릿수가 되더니 수능시험 수학 과목에서 만점을 맞는 기적 같은 일이 일어났다.

나는 반복된 연습이 최고의 선수를 만들어 내듯이 공부도 작은 노력이 쌓여 좋은 결과를 이루어 낸다는 사실을 체득했다. 내가 하루하루를 헛되이 보내며 노력하지 않았다면 절대 불가능한 성과다.

3년 동안 나는 처음으로 목표를 위해 흘린 땀의 맛도 알았다. 평범한 학생에서 전교 1등의 자리까지 오르는 일은 정말 힘든 과정이었다. 목표를 위해 끝까지 참고 견디고 나니 과거의 고통도 내 길을 비추어 주는 빛이 되었다.

밤새 잠과 싸우느라 베란다에 서서 영어 단어를 외우고 책상 앞에 붙은 '베이징대학'이라고 쓴 메모를 몇 번이고 찢었다가 다시 쓰던 당시의 나를 생각하니 안쓰럽기도 하다. 하지만 나는 결국 해냈다.

노력이 늘 결과로 이어지는 것은 아니었다. 고등학교 3학년 때 베이징대학 특별전형시험을 앞두고는 2주 동안 학교 수업도 듣지 않고 시험 준비를 했다. 신문과 뉴스를 꼼꼼히 보고 연습문제를 풀고 면접예상 문제를 뽑고 시사평론을 읽었다. 하지만 담임 선생님, 학년 주임, 지도 선생님의 배려와 관심이며 가족들의 기대 속에서 큰 부담을 느꼈던 나는 어이없는 실수로 시험을 망치고 말았다.

베이징대학 입학담당자는 너무 잘하려 하지 말고 평소대로 하면 된다며 시험 전에 긴장한 학생들을 가볍게 격려해 주었다. 난 그 '평소대로'가 안 됐다. 오후에 치른 영어, 역사, 정치 세 과목 시험의 끝을 알리는 종이 울렸을 때 나는 화들짝 놀랐다. 무려 60개의 객관식 답안을 OMR 카드에 옮기지도 못한 상태였기 때문이다. 그때서야 내 손목시계의 시간이 한참 어긋난 것을 알았다. 이런 말도 안 되는 일이 일어나다니 믿을 수 없었다. 그렇게 나는 빈 답안지를 제출할 수밖에 없었다.

그날을 위해 수많은 밤을 지새웠고 무수한 노력을 기울였건만, 한순간에 모든 게 다 무너지고 말았다.

무엇보다 실력이 부족해서 떨어진 게 아니라 실력을 제대로 발휘하지도 못했다는 사실이 가장 억울했다. 그날 나는 몇 시간이나 울었다. 그리고 인생이 언제나 내 뜻대로 되는 게 아니라는 사실을 깨달았다. 꿈에 그리던 베이징대학이 갑자기 멀어져 가는 것 같았다. 자신감도 의욕도 잃어버렸다. 그러자 수능시험을 3개월 앞두고서는 성적이 곤두박질치기 시작했다. 그때 내가 가장 많이 한 말은 "베이징대학이여, 잘 가라"였다.

하지만 나는 내 인생까지 포기하고 싶지는 않았다. 다시 일어나야겠다고 다짐했다. 그리고 아침 일찍 일어나 밤늦게까지 공부하는 생활로 돌아갔다. 다시 수업을 듣고 노트를 정리하고 연습문제를 풀고 오답노트를 만들기 시작하면서 더 이상의 추락은 막을 수 있었다. 3개월 동안 성적이 오르지 않았지만 나는 포기하지 않았다. 지금도 그때를 떠올리면 비장한 마음이 든다. 하지만 언젠가 시간이 더 흐르고 나면 옛날의 나를 돌아보며 이렇게 말할 것이다. "그저 작은 일에 불과했는데 말이야."

몇 개월간 지속된 지독한 노력은 결코 헛되지 않았다. 나는 수능시험에서 좋은 성적을 거두어 꿈에 그리던 베이징대학에 입학할 수 있었다.

입시가 끝은 아니었다. 지금은 이곳에서 열심히 공부하고 있지만 사실 처음 입학했을 때는 자퇴하고 싶은 충동에 휩싸였다. 대학에는 인재들로 넘쳐 났다. 그들은 원어민처럼 영어를 잘했고 어려운 수학문제도 기가 막히게 풀었다. 친구들과 사이도 좋고 동아리 활동도 열심히 하는데 좋은 성적까지 유지하는 모습에 나는 혀를 내둘렀다. 하지만 애써 마음을 다시 먹었다. 나는 나다. 주어진 내 모습대로 살고 비교 같은 건 그만두기로 했다.

그러자 오히려 내 자리를 찾아갈 수 있었다. 더 이상 독보적인 성적은 아니었지만 장학금도 받았다. 노력하는 자세 덕에 교수님과 친구들의 신뢰를 받아 과대표와 학생회장까지 맡았다. 형과 화장품 회사를 창업하면서 2학년 때부터는 경제적인 독립도 이루었다. 그러던 중에 책을 출간하고 영화에도 출연했다. 대학에 막 입학했을 때까지만 해도 강의실이나 회의실 맨 뒷자리에 앉아 말 한마디도 제대로 못하던 소심한 학생이 이렇게 되리라고 누가 상상이나 했을까? 노력은 고통스럽다. 과 활동을 준비하려고 몇 날 며칠을 밤새워야 했고, 책을 쓰려면 여름방학에도 한숨 돌리는 대신 방에 콕 박혀 컴퓨터로 내가 하고 싶은 말을 써 내려가야 했다. 하지만 그런 시간이 나를 만들었다.

청춘에게는 혼자 이겨 내야 하는 시간들이 있다.

자신이 원하는 길을 가려면 결국 혼자서 걸어가야 하는 시간이 반드시 있고, 혼자 힘으로 해내지 않으면 얻을 수 없는 것들이 있다. 시련 앞에서 약해지고 도망치는 게 사람이다. 사람들은 항상 더 강해지길 원하지만 막상 혼자 해내야 하는 어떤 결정적인 순간에는 비겁해진다. 두렵기 때문이다. 그리고 '아무럼 어떠냐'며 너스레를 떤다. 하지만 그 비겁함은 결국 큰 상처로 되돌아온다.

하지만 그 또한 상관없다. 나 역시 스스로 형편없다며, 쓸모없는 인간이라며 나를 미워하기만 했던 시간들이 있었다. 하지만 청춘이기 때문에 방황할 수 있고 좌절할 수도 있다고 믿는다.

어떤 밤들이면 꿈은 절대 이루어지지 않을 것 같고, 내가 세상에서 가장 외로운 존재인 것만 같다. 오늘은 괴로우니 잔뜩 취하고 내일 다시 생각해 봐야지 했다가도 다음날이 되면 게으름을 피운 내가 싫다.

하지만 때때로 넘어진다고 해도 두려워할 필요는 없다. 내가 원하는 인생에 대해 생각할 시간은 충분하다. 나처럼 황소고집에 현실에 만족하지 못하는 청춘이라면 세상에 힘껏 부딪혀 보는 수밖에 없다.

노력을 기울이는 것마다 성공할 수는 없다. 하지만 나는 현실이 내 뺨을 후려치더라도 절대 무릎 꿇어서는 안 된다고 믿는다.

사랑을 모를 나이에
너를 만났어

내가 매일 밤 책상 위에서 쓰러지듯 잠을 청할 때, 아침에 피곤한 몸을 깨우려고 선 채로 수업을 들을 때, 커피와 아령으로 힘든 시간을 견딜 때, 그녀가 어디에 있었느냐고 따질 마음은 없었다.

단지 지금 잘 지내고 있는지, 어둠을 무서워하는 그녀를 위해 손전등을 비춰 줄 사람은 있는지, 그 사람이 그녀의 입이 헐지 않도록 어떻게든 야채를 먹여 비타민을 보충시키고 있는지, 겨울이 와도 얇게 입는 그녀에게 두껍게 껴입으라며 걱정 섞인 잔소리를 하는지 묻고 싶었다.

고등학생 때 나는 책만 끼고 사는 공부벌레였다. 길을 걸을 때조차 역사에서 공산당의 역할과 산업혁명이 미친 영향을 외웠다. 고등학교 3학년 때는 열댓 권의 요점노트와 오답노트를 만들었고 책상 한쪽 구석은 나를 격려하고 위로하는 포스트잇으로 도배가 되어 있었다. 학교에서는 열심히 수업을 듣고 10분의 쉬는 시간도 아까워 도서관으로 향했다. 도서관을 왕복하는 데 2분을 쓰고 나머지 8분 동안 수학문제를 풀거나 문장을 암기했다. 수업이 끝나면 식당으로 달려가 3분 안에 저녁을 해결하고 다시 공부를 했다. 꿈에 그리던 베이징대학에 입학할 수 있었던 이유도 바로 하루하루를 남김없이 바쳐 가며 공부벌레 생활을 했기 때문이다.

하지만 그녀는 포기할 수 없었다.

나는 북방 지역의 작은 도시 출신이고 그녀는 웨이하이威海 출신이지만 둘 다 톈진天津에 있는 고등학교를 다녔다. 운명이니 인연이니 하는 헛소리는 하지 않겠다. 우리가 톈진의 고등학교로 진학한 이유는 대학 진학률이 높고 각자 고향에서 멀지 않은 곳에 위치했기 때문이다.

내가 그녀를 처음 안 것은 고등학교 2학년 1학기, 아주 추운 겨울이었다. 그날은 눈이 많이 내려 거북이걸음으로 엉금엉금 다녀야 했다. 나는 책을 한 아름 안고 시험장이 있는 위층으로 가던 중에 그녀를 보았다.

나는 아직도 돌돌 말아 올린 그녀의 당고머리가 선명히 떠오른다. 무릎까지 내려오는 긴 녹색 목도리를 두르고, 날렵한 몸매가 돋보이는 청바지를 입고 있었다. 특별히 꾸미지 않고도 그녀는 시선을 사로잡았다.

그때 그녀는 내가 있는지도 모르는 것 같았다. 그리고 우리는 서로 다른 교실에서 시험을 봤다. 나는 문과생이고 그녀는 이과생이기 때문이다.

나는 그날 전교 1등을 놓쳤다.

고등학교 때 나는 전교에서 유명한 학생이었다. 나름 괜찮게 생겼다는 소리도 들었고, 평소 깔끔한 모습을 유지했으며, 성적도 늘 1등을 차지했으니 그럴 만 했다. 길을 지나가면 여학생들이 창문에 찰싹 붙어 '꺅' 하고 비명을 질러대기도 했다.

그래, 솔직히 그건 좀 과장이다. 하지만 내가 지나갈 때 여학생들의 시선이 내 쪽을 향한 것만은 틀림없는 사실이었다. 내가 짐짓 거만한 자세로 바쁘다는 듯 길을 걸어간 것도 포함해서 말이다.

당시 나는 선생님 앞에서 고등학교를 졸업하기 전까지는 절대 연애를 하지 않겠다고 맹세했었다. 하지만 관심이 가는 건 어쩔 수 없었다. 그리고 일단 관심을 가지자 그녀의 이야기가 자연스럽게 내 귀로 들어왔다. 그녀는 노래를 좋아하고 무척 인기가 있어서 학교 축제 때 남학생들에게 꽃을 잔뜩 받았다고 했다. 여럿이 그녀를 짝사랑하고 또 죽자 살자 따라다닌다는 소문도 들었다.

보통 나는 모든 사람이 좋아하는 사람을 좋아하지 않는다. 아마도 자신이 없어서 그런 것 같다. 아니, 그게 맞다. 하지만 그때는 호감이 소심함을 이겨 결국에는 친한 친구를 통해 그녀의 전화번호를 손에 넣었고, 그 대가로 친구의 아침밥과 숙제를 일주일간 책임졌다.

내 목표는 베이징대학이었다. 그녀가 눈앞에 나타나기 전까지만 해도 나는 나 같은 부류의 사람들은 공부밖에 몰라야 하며 베이징대학에 들어가서도 피터지게 공부만 하며 살아야 한다고 믿었다. 그래서 남학생들이 그녀를 놓고 농구시합을 벌이거나 패싸움을 할 때 나는 담임 선생님과 학년 주임 선생님의 특별 보호 및 감시 하에서 순탄하고 충실하게 공부벌레 생활을 이어나갔다. 매일 새벽같이 일어나 공부했고 등교해서도 쉬는 시간까지 쪼개 가며 교무실에서 선생님에게 질문을 했다. 그런 나의 유일한 일탈이자 내가 가장 기다리는 시간은 저녁에 집으로 돌아가 구닥다리 휴대폰으로 그녀에게 문자를 보내는 순간이었다.

우리의 대화는 그녀가 시험공부를 해야 한다고 말하면 내가 지리 시험에 관한 요점정리를 해 주는 식으로 이어졌다. 당시의 나는 눈치라고는 손톱만큼도 없는 멍텅구리였다. 그녀와 어떻게 대화해야 하는지, 그녀의 말이 무슨 뜻을 담고 있는지 짐작도 못했다.

그녀는 내가 그녀에게 눈을 찡긋하는 것이 좋다고 말했다.

그녀가 나를 좀 좋아하게 되었다고 말한 것 같기도 하다.

그 이야기를 들은 날 나는 운동장을 스무 바퀴나 뛰었고, 집으로 돌아와서도 그녀가 생각나 그때마다 찬물로 세수를 했다. 그날 저녁 내가 하도 껐다 켰다 하는 바람에 화장실 등이 고장 나고 말았다. 공부벌레에게 연애는 그야말로 범죄나 다름없었다. 그때의 나는 마치 어두운 거리에서 그녀와 입을 맞췄는데 갑자기 부모님이 나타나 손전등을 비춘 것 같은 심정이었다.

그때부터 나는 쉬는 시간에 늘 그녀의 교실 문 앞에서 그녀가 나오기를 기다렸다. 달리 이야기를 나누는 것도 아니었다. 그녀가 나오면 싱글벙글거리며 공부를 가르쳐 주다가 수업 종이 울리고서야 후다닥 교실로 돌아갔다. 짧은 시간이나마 나는 그녀의 눈을 바라보며 딱 두세 개의 문제를 같이 풀었다.

문제 푸는 것도 나쁘진 않았던 걸까? 그녀와 나와 함께 도서관에 다니게 되었다. 10분 동안 빠르게 밥을 먹고 도서관에서 같이 복습을 하며 시간을 보냈다. 우리는 마주 보고 앉아

각각 역사와 물리를 공부하다가 때때로 고개를 들어 서로에게 미소를 지었다.

　우리는 대부분의 시간을 교무실과 도서관에서 함께 보냈다. 공부에 취미가 없던 그녀가 수업 시간에 질문을 하기 시작했고 성적이 빠르게 향상됐다. 사실 나는 그녀가 공부를 싫어하면 어쩌나 걱정이 이만저만이 아니었다. 그리고 주변에서 그녀와 어울려 다니는 나 역시 이전의 그녀처럼 성실하지 않다고, 노력하지 않는다고 생각할까 두려웠다.

　그녀는 내게 두려워하지 말라고 말했다.

　우리 연애에서 가장 로맨틱한 순간은 내가 그녀에게 좋아한다고 고백했던 때보다도 그녀가 나를 위해 칭화대학에 가겠다고 말했을 때였다. 그녀는 칭화대학에서 거리 하나를 사이에 두고 베이징대학이 있으니 교문만 나서면 나를 볼 수 있을 것이라고 말했다. 정말 그렇게만 된다면 그 거리에 수백 명의 사람이 있다 해도 내 눈은 대번에 그녀를 찾아낼 수 있을 것 같았다.

　나는 우리가 청춘 드라마에 나오는 주인공 같다고 느꼈다. 공부에 무관심하고 놀기 좋아하는 여학생이 모범생을 만나며 주변 남자들을 싹 정리하는 그런 드라마 말이다. 바로 내가 꿈꾸던 연애였다. 하지만 꿈답게 그 시간은 오래가지 않았다. 어느 날 도서관에서 어려운 수학문제를 붙들고 씨름하고 있는 내게 그녀가 갑자기 말했다. "나 재수하기로 했어."

나는 눈을 동그랗게 뜨고 그녀를 바라보았지만 뭐라고 해야 할지 몰랐다.

그때는 수능시험이 몇 달밖에 남지 않은 시기였다. 날씨가 더워지기 시작해서 나는 남색 칼라가 달린 하얀 교복 셔츠를 입고 반팔 소매를 끝까지 말아 올리고 있었다. 이마에 물티슈를 붙인 채였고 책상에는 시원한 콜라 한 캔이 놓여 있었다. 매일 시간이 너무 빨리 가는 것 같아 두렵던 시기였지만 그때만큼은 모든 것이 멈춘 것 같았다.

그녀는 고개를 푹 숙였다. 얼굴은 무표정했다. 나는 나 때문에 억지로 칭화대학에 갈 필요는 없다고 했다. 하지만 그녀는 내게 기다려 달라고 말하며 반드시 칭화대학에 들어가겠다고 했다.

나는 웃었다. 어떻게 해야 할지 몰라, 상황을 어떻게 받아들여야 할지도 몰라 나온 허탈한 웃음이었다.

하지만 그녀는 내가 그렇게 당황하고 있을 시간을 주지 않았다. 내게 재수를 한다고 말한 이튿날 그녀는 떠났다. 나는 하루가 지나서야 그녀가 짐을 싸서 고향인 웨이하이로 돌아갔다는 소문을 들었다.

나는 정신 나간 사람처럼 그녀를 찾아 다녔다. 그녀의 텅 빈 책상을 보자마자 학교 근처 그녀가 살던 곳에 찾아가 큰 소리로 그녀의 이름을 불렀다. 아무리 불러도 대답이 없자 문 앞에 주저앉아 몇 시간이고 움직이지 않았다. 친구들은 이제 그만 포기하라고 했지만 나는 어떤 말도 들리지 않았다. 그녀를 아는 모든 사람을 만나고 그녀가 갔던 곳은 모두 돌아다녔다. 선생님들도 나를 다독여 보려 했지만 나는 여전히 허우적거렸다.

그녀가 사라진 마당에 수능시험이든 베이징대학이든 무슨 소용이란 말인가.

그녀는 우리의 소중한 추억을 다 잊어버린 걸까? 새하얀 함박눈이 내리던 어느 겨울날, 아직 밤과 다를 바 없는 새벽 5시에 나는 손전등을 들고 그녀의 집 아래서 그녀가 나오기를 기다렸다. 살며시 문 여는 소리가 나자 나는 손전등을 켜고 그녀가 걸어올 길을 비춰 주었다. 그녀는 내 머리 위로 수북이 쌓인 눈을 보고 웃음을 터뜨렸다. 나는 손가락을 입에 갖다 대며 '쉿, 사람들이 다 깨겠어'라는 입모양을 하고는 그녀의 손을 꼭 쥐고 학교로 향했다. 학교 방범카메라가 있는 곳에서는 손을 놓은 채 내가 앞장서고 그녀가 뒤를 따랐다. 방범카메라의 사각지대에 도착하자 그녀는 키득거리며 내 옆에 바짝 붙었다. 우리는 창문을 뛰어넘어 아무도 없는 교실에 들어가 공부를 했다. 그녀가 꾸벅꾸벅 졸면 내 어깨를 내어 주기도 했다. 그러다 친구들이 등교하는 소리가 들리면 잽싸게 위층의 내 교실로 돌아가 공부하는 척했다.

나는 늘 얼굴도 예쁘고 쫓아다니는 남학생도 많은 그녀가 왜 나를 좋아하게 되었는지 궁금했다. 그녀를 좋아하는 어떤 남학생들에 비하면 나는 소심하고 어눌한 공부벌레일 뿐이었다. 그녀는 언젠가 자신은 위엔샹친이고 나는 장즈슈 같다는 말을 했다. 당시 TV와는 담을 쌓고 살았던 나는 두 인물이 드라마 속 커플이라는 것도 몰랐다. 위엔샹친은 절세미녀고 장즈슈는 못생기고 어리바리한 공부벌레라는 그녀의 설명을 듣고서야 나는 웃으며 정말 우리와 닮았다고 대꾸했다.

하지만 말은 그렇게 하면서도 나는 내심 현실 속의 그녀가 내게 부족한 사람이라고 생각했다. 그리고 계속 함께 있을 수 없을 거라고 걱정했다. 그런 마음이 전해졌던 걸까. 그녀는 결국 도망치는 길을 선택했다. 하지만 그녀가 사라져도 내 마음은 그 자리에 그대로 있었다.

그녀가 떠난 지 한 달 만에 내 성적은 곤두박질치기 시작했다. 엄마는 화장실에 들어가 몰래 눈물을 훔쳤고 그런 모습을 지켜보는 내 심정은 참담했다. 그때의 나는 부모님의 마음을 아프게 하고 걱정만 끼치는 아무짝에도 쓸모없는 녀석이었다.

하지만 그런 상황에서 벗어나려 해도 좀처럼 쉽지 않았다.

그녀는 내 고통을 짐작이나 했을까? 나는 지쳐 쓰러져 책상 위에서 잠들기를 바라며 밤늦게까지 공부했고, 눈을 뜨면 세수를 하고 다시 날이 밝을 때까지 책을 봤다. 그리고 엄마가 아침 식사를 준비하고 나를 부르러 오는 소리가 들리면 조용히 이불을 뒤집어쓰고 잠든 척했다. 엄마가 방에서 나가면 그제야 일어나 닭똥 같은 눈물을 흘리곤 했다. 내 인생이 다 끝난 것처럼 느껴졌다.

성적은 오를 기미가 보이지 않았지만 나는 책을 집어삼킬 듯이 공부에 몰두했다. 부모님과 담임 선생님의 걱정스러운 시선에 신경쓰지 않고 아침부터 밤까지 아무 말 없이 책상에 고개를 파묻고 공부만 했다. 나는 머리도 매일 감지 않았고 흰 운동화도 깨끗이 닦지 않았다. 교복이 더러워져도 신경 쓰지 않았고 저녁에 세수도 하지 않은 채 잠자리에 들었다. 친구들은 그런 나를 보고 정신과 상담을 받아 보라고 농담했다. 그때서야 나는 내가 정상이 아닌 것 같다는 생각을 했다.

모든 것이 그녀가 있다면 해결될 것 같았지만 그녀를 원망하지 않았다.

나를 포함해 주변의 모든 사람이 내가 베이징대학에 갈 수 없을 거라고 말할 때 그녀는 유일하게 나를 믿어 줬다. 그녀는 늘 낯선 번호로 문자를 보내 너무 조급하게 생각하지 말고 꿈을 포기하지 말라는 말을 전했다.

나는 그녀에게 어디에 있는지, 잘 지내고 있는지, 아직도 예전처럼 따라다니는 사람이 있는지 물어보지 않았다.

내가 매일 밤 책상 위에서 쓰러지듯 잠을 청할 때, 아침에 피곤한 몸을 깨우려고 선 채로 수업을 들을 때, 커피와 아령으로 힘든 시간을 견딜 때, 그녀가 어디에 있었느냐고 따질 마음은 없었다.

단지 지금 잘 지내고 있는지, 어둠을 무서워하는 그녀를 위해 손전등을 비춰 줄 사람은 있는지, 그 사람이 그녀의 입이 헐지 않도록 어떻게든 야채를 먹여 비타민을 보충시키고 있는지, 겨울이 와도 얇게 입는 그녀에게 더 따뜻하게 입어야 한다고 걱정 섞인 잔소리를 하는지 묻고 싶었다.

그녀의 손을 잡아 줄 다른 사람이 생긴 건지, 아니면 나처럼 매일 고통 속에서 지내는지 알고 싶었다.

하지만 나는 그녀에게 아무것도 묻지 않았다.

그해 5월 모의고사에서 나는 전교 1등의 자리를 되찾았다. 공개적으로 등수를 발표하지 않았던 시험이기에 담임 선생님이 나를 위로하려고 알려 준 것이 아닌가 싶다.

곧 찾아온 수능시험은 순식간에 과거가 되었다. 나는 그녀가 떠나고 반년 동안 전쟁터에서 무기를 잃어버린 병사처럼 풀 죽어 지냈다. 하지만 모든 것은 다 지나가기 마련인가 보다.

한 달 뒤, 나는 목표로 삼았던 베이징대학의 입학통지서를 받았다.

두 달 뒤, 그녀가 재수를 하기 위해 돌아온다는 소식을 들었다. 나는 여전히 돌돌 말아 올린 그녀의 당고머리를 좋아했다.

세 달 뒤, 대학 생활이 시작되자 나는 그녀가 졸업할 때까지 그녀를 기다리겠다고 약속했다.

1년 뒤, 수능에서 실력을 발휘하지 못한 그녀는 적당한 대학에 진학했고, 이번에도 주저하지 않고 떠났다.

1년 반 뒤, 그녀의 웨이보를 보다가 사진첩에서 남자 친구와 행복한 표정으로 찍은 사진을 발견했다.

휴대폰에 아직까지도 그녀의 전화번호를 간직하고 있는 나는 바보다. 그녀가 선물한 팔찌를 아직도 손목에 차고 다니는 나는 바보 중의 바보다. 친구들이 볼품없고 유치한 팔찌라고 놀릴 때면 난 그저 어색하게 웃으며 넘어갈 뿐이다. 하루는 그녀의 새 남자 친구의 웨이보를 뒤지며 나보다 잘난 게 무엇인지 비교해 보기도 했다. 두 사람이 다정하게 올린 포스팅에 '좋아요'를 누른 적도 있다. 새 남자 친구의 웨이보에 그녀가 아프다는 글이 올라왔을 때 나는 그녀는 약 먹는 것을 싫어 하니 과일을 많이 사다 줘야 하며, 사과는 껍질을 깎아서 주스로 만들어 줘야 좋아한다는 메시지를 보낼 뻔 했다.

대학에 온 후 어느 방학인가 나는 혼자 집에 틀어 박혀 예전에 그녀가 얘기했던 드라마 〈장난스런 키스惡作劇之吻〉10여 편을 내리 보았다. 드라마에서 위엔샹친은 밝고 유쾌했고, 공부만 아는 장즈슈를 순수하고 따뜻하게 사랑해 주었다. 위엔샹친의 눈에 비친 장즈슈는 소심한 공부벌레가 아니라 세상에서 제일 멋진 사람이었다. 뒤늦게 도착한 연애편지를 받은 것처럼 나는 펑펑 울었다. 눈물로 흐릿해진 화면 속에서 남녀 주인공은 꼭 달라붙어 떨어질 줄 몰랐다.

사랑은 다양한 모습을 하고 나타난다. 때로는 사랑이라는 허울을 쓰고 지울 수 없는 상처만 남기는 감정도 있다. 그녀와의 추억 또한 내게 한동안 아프게만 다가왔다. 그 모든 감정을 그만 잊고 싶었다. 그러나 내게 그 시간은 내 청춘 그 자체다.

친구들은 그녀에 관한 이야기를 소설로 쓰라고 했지만, 그녀가 옆에 있었다면 분명히 이렇게 말했을 것이다.

"하찮은 이야기에 불과할 뿐이야."

이런저런 매체에 얼굴을 비추게 되면서 첫사랑에 관한 질문을 받을 때가 있다. 그러면 나는 질문을 피하지 않고 솔직하게 대답한다. 이성을 좋아하는 감정은 중학교 때도 느껴 보았지만, 정말 가슴 뛰는 사랑을 한 것은 고등학교 때였다고. "그 시절 제가 사랑했던 공주님은 얼굴도 예쁘고 노래도 잘했어요.

학교 축제 때 무대에서 빛나는 그녀를 볼 때마다 제가 너무 작게 느껴졌죠. 하지만 그녀는 머리 좋은 남자가 좋다며 저를 사랑해 주었고, 우리 둘은 무척 행복한 시간을 보냈어요. 그녀는 자신을 위엔샹친이라고 부르고 저를 장즈슈라고 불렀어요."

나는 앞으로도 아주 오랫동안 그녀를 내 첫사랑이라고 부를 예정이다.

시간은 아픈 사랑도 색을 바꾼다.

나를 위해 칭화대학에 가려는 그녀의 문제풀이를 도와주던 푸릇푸릇한 그 시절, 낡고 허름한 학교 건물 안에서도 어디에서나 빛을 찾을 수 있었다. 도서관에서 건너편에 앉은 그녀의 시선이 책이 아니라 내게 닿아 있다는 걸 알아차렸던 순간의 느낌은 내 가슴속에 남아 언제고 눈부셨던 그 시절을 떠올리게 해 줄 것이다.

제발,
내 남자 친구를 찾아 줘

'친구'라고 부르던 사이도 오랫동안 떨어졌다가 다시 만나면 서먹서먹하고 할 말이 없어진다. 하지만 사이가 좋지 않은 두 사람이라도 함께 있다 보면 좋은 감정이 생겨날 수 있다. 외로움이 극에 달하면 옆에 있는 사람에게 정을 주기 마련이다.

초등학교 시절 톈쌤의 수업 시간에 나는 짝꿍의 손을 잡고 있었다. 하지만 조명이 어두워서 우리가 몰래 무슨 짓을 하는지 아무도 알아채지 못했다. 톈쌤은 중년여성으로 국어를 가르치는 나의 담임이었다. 성이 톈田 씨라서 우리끼리는 톈쌤이라고 불렀다. 톈쌤의 몸은 작고 뚱뚱했다. 늘 기름진 머리에 흐리멍덩한 눈빛을 하고 있어도 두뇌회전이 빨라서 교실에서 몰래 딴짓하는 학생들을 귀신같이 잡아냈다.

사실 우리가 손을 잡은 것은 그때가 처음이 아니었다. 나는 예전부터 그 애가 나를 좋아한다는 사실을 알고 있었다. 아니, 좋아했다는 말이 맞을까? 음, 나를 싫어하지는 않은 정도라고 생각해도 좋다.

그 애는 매일 아침 소년선봉대 대원의 상징인 내 빨간 삼각건을 고쳐 매 주었다. 내 삼각건이 항상 엉망이 되어 목에 간신히 걸쳐져 있었기 때문이다. 그 애는 엄마의 잔소리에도 아랑곳 않고 따뜻한 우유를 반이나 남겼다가 학교로 들고 와 내게 먹이기도 했다. 그렇게 우유를 잔뜩 마시고도 내 키가 장대같이 자라지 않은 것이 이상할 정도다. 그 밖에도 그 애는 수업이 끝나면 언제나 내 연필을 깎아 주었는데, 어찌나 새것처럼 곱게 깎았는지 학교에서 공부를 전혀 하지 않았다는 오해를 받을 정도였다.

내가 물을 마시면 그 애도 물을 마셨고, 내가 일부러 연필로

턱에 낙서를 하면 그 애도 따라서 같은 위치에 낙서를 했다. 내가 왼손으로 글을 쓰면 그 애도 힘겹게 왼손으로 글을 썼고, 내가 신이 난다고 계단을 뛰어 내려가면 그 애도 같이 계단을 뛰어 내려갔다.

이런 행동이 나를 좋아한다는 신호가 아니면 뭐겠나? 게다가 우리는 이미 몇 번이나 손을 잡았다. 학교 수업이 끝나면 선생님은 두 사람씩 짝을 지어 손을 잡고 걷게 했는데 우리는 우연히 세 번이나 짝이 되었기 때문이다. 다시 말하자면 우린 세 번이나 손을 잡은 사이였다.

그런 고로 우리는 손을 처음 잡은 것은 아니었지만, 수업 시간에 잡은 것은 처음이었다. 그때 나는 사실 너무 떨린 나머지 달콤하고 낭만적인 느낌은 전혀 들지 않았다. 단지 강렬한 자극만 있었을 뿐. 선생님께 발각될까 두려워 공책을 손 위에 덮고 눈치 보기에 바빴다.

텐쌤은 손을 잡고 있는 우리를 보자마자 "동작 그만!"이라고 외쳤는데 그 말을 듣는 순간 순진했던 우리는 얼음이라도 된 양 움직이지 않고 그대로 있었다. 나는 마치 전기에 감전된 것처럼 손이 떨렸다. 텐쌤이 맞잡은 우리의 손을 떼어 놓고 나를 의자에서 일으켜 세운 뒤에야 나는 감전된 느낌에서 벗어날 수 있었다.

그 후의 상황은 모두가 예상하는 그대로다. 당장 부모님이 학교로 불려 왔고 나는 그 앞에서 선생님께 따끔하게 혼났다. 짝꿍인 그 애는 엉엉 울었지만 나는 아직 울보였는데도 그때는 한 방울의 눈물도 흘리지 않았다. 나는 사내대장부가 이깟 일로 눈물을 보일 순 없다고 생각했다. 그 애가 눈물을 흘린 것도 마음이 약해서라기 보다는 하소연할 때 저절로 나오는 소품에 불과했다. "선생님, 저는 억울해요. 쟤가 억지로 손을 잡고 안 놔준 거란 말이에요." 얼마나 서러워 보였는지 모른다.

곧 자리 배치가 다시 이루어졌는데, 그 뒤부터 내 짝꿍은 늘 남자였다.

작년에 초등학교 동창 모임에 갔을 때 나는 그때 그 애가 연극영화과에 들어갔다는 말을 전해 들었다.

나는 떡잎부터 남달랐던 그 애의 연기를 떠올리며 혼자 피식 웃었다.

나는 여전히 그때를 추억한다. 정오의 따뜻한 햇볕은 부드럽게 유리창을 지나와 그 애의 예쁜 치마에 빛을 드리웠다. 전선 위에 드문드문 앉아 있는 창밖의 비둘기들은 맑고 파란 하늘에 수놓아진 한 폭의 그림과 같았다.

가장 그리운 것은 새하얀 셔츠와 짙은 청바지에 허리띠를 질

끈 맨 그 시절의 나와 새벽부터 일어나 고운 무늬의 치마를 차려 입고 머리를 단정히 빗은 그 애의 몸에서 풍기던 여름의 향기다.

머리 위에서 천천히 돌아가는 선풍기 바로 아래에서 소년, 소녀가 떨리는 두 손을 꼭 잡고 한번씩 침을 삼키던 순간에는 앞으로는 느낄 수 없을 무구한 설렘이 있었다.

그 시절을 떠올리면 여름이 참 아름답게 느껴진다.

그렇게 조금은 당돌하고 쌉쌀한 추억을 남기며 시작된 이성에 대한 관심은 사춘기를 맞으며 더 깊고 오히려 더 수줍은 모습으로 나타났다. 중학교 때 나는 내 인생에서 가장 동글동글했다. 옆에서 바라본 내 얼굴은 정면에서 바라본 모습과 별반 차이가 없었다. 거대한 축구공을 생각하면 이해가 빠를 것이다. 나는 잘 때 옆으로 누우면 얼굴의 살들이 눈을 압박해 불편할 정도로 뚱뚱했다.

하지만 그런 저주받은 몸뚱이에도 불구하고 나는 늘 여자 사람 친구들이 많았다.

그중에서 내가 가장 좋아 했던 친구는 '반쪽 이'였다.

반쪽 이는 내가 본 사람들 중에서 가장 착한 아이였다. '반쪽 이'라는 별명은 어릴 때 같이 놀던 친구가 그 애를 세게 밀쳤는데 하필 돌 위로 넘어지는 바람에 앞니가 반쪽이나 깨져

생긴 것이다.

몇몇 남자 아이들은 그 애의 깨진 이를 들먹이며 겨울에는 앞니의 빈틈으로 찬바람이 들어오고 여름에는 비가 샐 거라는 등의 말을 하며 자주 놀렸다. 반쪽 이는 속상해 하면서도 배시시 웃을 뿐이었다. 나는 절대로 그 무리에 끼지 않았고 때때로 그 애에게 막말을 일삼는 녀석들을 혼내 주기도 했다. 나는 반쪽 이가 무엇을 가장 필요로 하고 무엇을 가장 싫어하는지 잘 알았다.

나는 아직까지도 반쪽 이가 내 숙제를 베끼던 모습을 생생히 기억한다. 아침에 내가 눈을 반만 뜬 채 빵을 먹고 있으면 그 애는 옆에서 바쁘게 손을 놀리며 내 숙제를 베끼곤 했다. 반쪽 이는 매일 저녁 어김없이 내게 전화해 숙제가 무엇인지 물었다. 그래서 나는 아예 두 개의 쪽지에 숙제를 적은 뒤 하나는 내 미키마우스 필통에 붙이고, 또 하나는 그 애의 이마에 붙여 주었다. 시험 기간이면 반쪽 이는 내게 어려운 수학문제를 물어 보았는데, 나는 한참 뜸을 들이다 수학문제를 가르쳐 주는 대신 "위안쯔하오가 세상에서 가장 잘생겼다"고 여학생들에게 얘기하라고 했다.

그러면 반쪽 이의 커다랗게 쌍커풀진 눈이 한층 더 커졌다.

수업이 끝나면 같은 동네에 살던 우리는 항상 함께 집으로 향했다. 당시 우린 둘 다 전기자전거를 탔는데 가끔 그 애의 자전거에 전기가 떨어지면 내가 태워 주었다. 그때 집으로 돌아오는 길에는 오르막과 내리막이 이어지는 터널이 있었는데 내리막에서는 전기를 사용할 필요가 없었다. 내리막에서 전기를 끈 자전거는 순식간에 어두운 터널을 통과했다.

그 시절 매일 수업이 끝나면 모든 학생이 의자를 책상 위에 뒤집어 올리고 깨끗이 청소를 했다. 반장이 삐뚤삐뚤한 글씨로 칠판에 숙제를 적을 때면 몸서리가 쳐졌지만, 자전거를 타고 그 터널을 통과하는 순간만큼은 신나고 행복했다.

자전거를 타고 출발하면 교문에서 산적같이 생긴 지도 선생님이 싸움을 벌인 아이들을 혼내 주는 모습이 보였고, 가까운 제과점에서는 갓 구운 빵 냄새가 솔솔 풍겼다. 낙엽 쌓인 자전거 도로에는 하교하는 아이들이 두런거렸다.

낙엽을 으스러뜨리며 점점 속도를 높이다 이윽고 터널의 내리막길을 달리면 바람이 교복 속으로 들어와 우리를 크게 부풀렸고 그 모습은 마치 날아오르는 새를 연상시켰다.

우리는 그 터널을 내려갈 때마다 환호성을 질렀다. 깜깜해서 잘 보이지 않는 터널 안에서 짜릿함을 느끼며 항상 큰 소리로 쑨옌즈孫燕姿의 노래를 불렀다.

"감전을 당한 것처럼 불가사의한 일이 기적처럼 내 삶을 통과해 갔어. 어떤 것보다 큰 의미가 있지. 너는 세상에 하나 밖에 없는 그런 라이트."

다 잘 있는 걸까?

나는 반쪽 이에게 첫 키스는커녕 손을 잡지도, 고백하지도 않았다. 하지만 우리는 매일 붙어 다녔고 서로가 없는 하루하루는 상상조차 할 수 없었다.

나는 반쪽 이에게 어디서 만날지 문자로 물어보며 하루를 시작했고, 잘 자라는 문자를 보내며 하루를 마무리했다. 우리는 둘도 없는 친구였다.

심지어 어떤 동창들은 종종 이렇게 말했다. "너희는 한 세트구나." 그러면 나는 당황해서 횡설수설했지만, 반쪽 이는 반쪽밖에 안 남은 앞니가 다 보이도록 활짝 미소를 지었다.

그때의 나에게 스스럼없는 그 미소는 무엇보다 아름다웠다.

어느 날 아침, 호르몬을 못이긴 탓인지 나는 엉뚱한 짓을 저지르고 말았다. 평소처럼 보내던 문자에 "애기야"라고 덧붙인 것이다. 문자를 보내자마자 내 얼굴은 온통 빨갛게 달아올랐다. 심장은 터질 듯이 벌렁거렸고 호흡이 가빠 오면서 눈앞에 별들이 왔다 갔다 했다.

순간이동이라도 해서 그 애가 문자를 확인하지 못하도록 휴대폰을 망가뜨리고 싶었다.

내 휴대폰에서 서둘러 그 문자를 삭제했지만 그래 봤자 아무 소용없었다. 나도 안다. 이미 전송한 문자는 사라지지 않는다는 사실을.

그날 그 애는 온종일 나를 거들떠보지도 않았으며 자꾸 피하기까지 했다. 하지만 반쪽 이도 내가 변태나 색마가 아니라는 사실을 그 누구보다도 잘 알고 있었고 우리는 평소대로 돌아갔다. 그날 이후 그 애에게 달콤한 말을 입 밖으로 뱉어 본 적은 없지만 우리는 말하지 않아도 마음이 통하는 사이였다.

시간은 세상에서 가장 빨리 움직인다.

매미울음 소리에 잠겨 여름을 나고 마른 장작을 때며 겨울을 나기를 세 번 하니 어느덧 졸업이었다. 고등학교 입학고사를 마친 그날, 기분이 좋았는지는 모르겠다. 단지 아주 더운 날이어서 시험이 끝나자마자 형과 함께 집으로 돌아오던 중 노점에서 60위안을 주고 게임카드를 사고 시원한 스프라이트 두 병을 사 마셨던 기억이 난다.

당시 60위안은 내가 가진 전 재산이었다.

집으로 돌아온 나는 바로 부모님께 게임카드를 뺏기고 저녁 내내 매타작을 당했다.

그리고 잠들기 전에서야 휴대폰을 확인하고 그녀가 몇 시간

전에 보낸 문자를 발견했다. "이제 우리 헤어져야 할까?"

지금 그 문자를 봤다면 이렇게 답했을 것이다. "바보같이 그게 무슨 소리야? 우리가 왜 헤어져? 난 계속 네 곁에 있을 거야. 우리가 같은 학교를 다니지 않는다고 해도 우리는 친구야. 보고 싶으면 전화해서 만날 약속을 잡으면 되지. 너희 집에도 내가 자주 놀러 갈게."

하지만 그때의 나는 이렇게 답장했다. "그래."

시작된 적 없는 우리의 관계는 그렇게 끝이 났다.

중학교를 졸업하니 하루아침에 어른이 된 것 같은 기분이 들었다. 나는 더 이상 촌스러운 종아리가 꽉 조이는 청바지를 입지 않았다. 그리고 그 당시 유행이었던 스포츠 브랜드를 입었다. 친구들과 농담을 하며 실없이 웃는 일은 줄었고 혼자 있는 시간을 즐겼다.

하지만 고등학생이 되며 겪은 가장 큰 변화는 따로 있었다. 나는 환경이 감정을 바꿀 수 있다는 걸 배웠다.

친구라고 부르던 사이도 오랫동안 떨어졌다가 다시 만나면 서먹서먹하고 할 말이 없어지듯, 사이가 좋지 않은 두 사람이라도 함께 있다 보면 가까워질 수 있었다. 사람은 외로움이 극에 달하면 옆에 있는 사람에게 정을 주기 마련이었다.

나는 반쪽 이가 내 인생에서 가장 소중한 사람이라고 생각했지만, 우리는 중학교 졸업과 동시에 어색한 사이가 되었고 가을에서 겨울로 넘어가는 동안 멀어졌다.

그녀는 화장과 쇼핑에 관심을 기울였고, 더 이상 나와 함께 자전거에 몸을 싣고 함성을 지르며 터널을 통과하던 소녀가 아니었다.

그 뒤로 나는 미래를 위해 다른 도시에 있는 고등학교에 들어갔지만 그곳에는 아는 친구가 한 명도 없었다. 나와 친한 친구들은 모두 고향에 있는 고등학교로 진학했기 때문이다.

그때 나는 처음으로 무력감을 느꼈다.

정말 지독한 무력감이었다.

내가 입학한 학교는 텐진에 있어서 나는 한 방에 일곱 명이 자는 기숙사에서 지내야 했는데 그때를 생각하면 저절로 인상이 찌푸려진다.

처음 기숙사를 배정받고 '2호'라고 써진 침대 위에 이불을 툭 하고 내려놓으니 먼지가 뽀얗게 일어났다. 기숙사 방에서는 수영장 소독약처럼 독한 냄새가 풍겼는데 정말 참기 힘들 정도였다. 청소를 하고 문을 닫으려면 문에서 '끼익'하고 귀에 거슬리는 마찰음이 났다. 겨우 청소를 하고, 모기장까지 달고 나니 땀이 맺혔다. 그렇지만 벽에 걸려 있는 손바닥만 한 선풍기는 차라리 떼어 버리고 싶었다. 선풍기는 따분한 기숙사 사감의 훈시보다 느긋하게 돌아갔다.

적응하고 공부를 따라잡으려 애쓰다 보니 나는 점점 고향에 거의 가지 않게 되었다. 내가 없는 그곳에서도 친구들은 여전히 잘 지냈고, 반쪽 이 또한 잘 산다는 소식을 전해 들었다.

중학교 동창들은 대부분 고등학교도 같은 곳으로 진학했다. 반쪽 이는 같은 중학교를 졸업한 남학생과 연애를 시작했는데 사이가 꽤 좋다고 했다. 그 남학생이 그녀에게 아주 잘해 준다는 것 같았다.

나는 동창들과의 연락을 완전히 끊고 공부에만 집중했다.

내가 타향살이를 하는 유일한 이유는 대학이었다. 따라서 내게 가장 중요한 일은 오로지 공부였다. 하지만 공부는 나를 가장 고통스럽게 만들기도 했다. 나는 친구들 사이에서 즐거웠던 중학교 시절의 나와 점점 멀어져 가고 있었다.

나는 2주에 한 번 정도 휴대폰을 보았다. 그때마다 반쪽 이에게 온 문자가 있는지 확인했지만 결과는 언제나 같았다.

그러던 어느 날, 이런 문자가 날아왔다. "남자 친구가 다른 남자랑 연락하고 지내는 걸 싫어해. 그러니 내게 문자하지 말아 줘. 이 문자에도 답장할 필요 없어."

나는 문자 마지막에 덧붙여진 "제발 부탁이야" "고마워"라는 두 마디를 결코 잊을 수가 없었다.

어느 날은 도저히 참지 못하고 그 애에게 문자를 했다. 반쪽 이는 불편한 기색을 내비치며 다시는 문자하지 말라고 했다. 그리고 남자 친구가 없을 때 연락하겠다는 말을 남겼다. 나는 "괜찮아"라고 혼잣말하며 웃었다.

시험 준비로 바빴던 어느 날, 침대에 앉아 다음날 볼 시험을 위해 시를 외우고 있는데 반쪽 이가 갑자기 전화를 걸어 울기 시작했다. 횡설수설하는 그 애의 말을 종합해 보니 둘이 심하게 다퉜는데 남자 친구가 갑자기 사라졌다는 것이다. 휴대폰은 꺼져 있고 자주 가던 곳에도 나타나지 않는다며 그 애는 계속 흐느꼈다. 그러더니 내게 어디냐며, 남자 친구를 같이 찾아 봐 줄 수 있냐고 물었다. 반쪽 이는 남자 친구가 사라지자 당황한 나머지 뭐든 내게 도와달라던 옛날 습관이 나와 버린 모양이었다.

나는 형의 공부에 방해가 되지 않도록 작은 목소리로 지금 나는 톈진에서 열심히 공부 중이라고 대답했다. 내 대답을 들은 그녀는 "끙" 하는 신음소리를 내더니 전화를 끊었고, 어이가 없어진 나는 헛웃음이 나왔다.

남자 친구를 같이 찾아 달라니.

다음날 시험에서 나는 평소보다 실력 발휘를 하지 못했다. 작문시험에서는 난생 처음 주제에 어긋난 글을 제출했다.

작문시험은 '영원과 찰나'를 주제로 800자 이상의 글을 쓰는 것이었다.

나는 "세상에 모든 영원한 것은 찰나에 불과하다"라는 문장으로 글을 시작했다.

선생님은 내 글이 너무 난해하고 어둡다면서 정신과 의사를 찾아가 보라고 권했다.

그날 이후, 한 번도 반쪽 이의 전화를 받아 보지 못했다. 그러다 시청률이 높은 한 텔레비전 프로그램에 출연한 날 저녁 그 애에게 몇 년만에 문자를 받았다. "우리 엄마가 너 인물 났대."

나는 답장을 보내지는 않았지만 한참 동안 휴대폰을 바라보며 미소 지었다.

모든 것에 상처받고 모든 것에 웃던 그 시간들은 거대한 소리를 내며 나를 지나가 그 시절의 나와 함께 돌아오지 못하는 세월 속에 깊이 잠들어 있다.

다가가야
보이는 얼굴

다 이해해요. 내가 싫어져 새로운 이에게 관심을 보이는 게 아니라는 걸요.
그대가 외로울 때 내가 옆에 있어 주지 못했어요.

다시 그들을 만났을 때 나는 하마터면 왈칵 눈물을 쏟을 뻔했다.

중학교 때 나와 함께 영어 부장을 했던 녀석이 보였다. 또 숙제를 늦게 제출한 걸 체크했다는 이유로 몇 달 동안 나를 미워했던 여학생도 있었다. 하지만 감상도 잠시, 어색함이 찾아왔다. 내가 동창회 장소에 세 번째로 도착한 사람이었는데 먼저 온 둘에게 뭐라고 해야 할지 적당한 말이 떠오르지 않아 당혹스러웠다. 괜히 테이블과 의자를 만지작거렸다가 울리지도 않는 휴대폰을 열어 새로 온 문자가 없는지 확인했다. 동창들이 몇 명 더 도착해 어색한 인사를 주고 받았다. 예전에는 같이 수다를 떨던 녀석들이건만 일부러 나를 피하는 것 같이 느껴졌다. 나는 여자애들이 입은 치마를 보며 소심하게 중얼거렸다. "치마 꽃무늬가 예쁘다."

잠시 후, 사람들이 더 많아지기 시작했다. 중학교 때 친했던 Z는 마스크를 쓰고 나왔는데 나를 보자 눈에 반가운 기색이 돌았다. Z와 함께 온 여자 동창은 마스크를 가리키며 성형수술이라도 실패한 거냐고 농담을 던졌다. '깜시'는 '꺽다리'와 같이 나타났다. 멀리서 봐도 키가 작고 까무잡잡한 녀석과 키가 크고 새하얀 녀석이 같이 오니 무척 눈에 띄었다. 이어서 화려한 차림의 '네 자매'가 등장하자 레스토랑이 환해졌다. 네 자매는 나를 거들떠보지도 않고 유유히 스쳐 갔다.

자리에 있던 동창들은 이번에는 "여신이 왔다"며 큰 소리로 환호했다. '여신'은 긴 생머리에 하얀 치마를 입고 앙증맞은 핸드백을 들고 있었다. 그때 샤오하이와 라오니우도 도착했다. 남자들의 등장은 늘 그렇듯 관심을 주는 이가 없었다. 그저 장난스레 주먹을 주고받으며 환영할 뿐이었다. 가장 마지막에 등장한 샤오천은 술을 몇 박스나 가지고 나타났다. 52도짜리 바이주 열여섯 병과 맥주 서른두 병을 보자 자리는 순식간에 시끌벅적해졌다.

"오늘은 취하지 않곤 돌아가지 못하겠구먼."

5년 전 중학교 졸업식 때도 우린 같은 말을 했었다. 지금과 다른 점이 있다면, 그때는 미성년자였고 스프라이트와 생수만으로도 "건배!"를 외치며 "코가 비뚤어지게 마셔 보자"고 큰소리쳤다는 것이다. 그로부터 5년 후, 우리는 어른이 되었다. 여자 아이들은 치마에 하이힐을 신었고, 남자 아이들도 이제 아무렇지도 않게 담배를 피운다. 변하지 않은 것이 있다면 서로를 만나면 누가 먼저랄 것 없이 허세를 부리며 입을 연다는 것이다. 그리고 예전에 있었던 웃기는 이야기나 바보같이 굴었던 이야기를 하며 왁자지껄하게 웃다 보니 분위기는 어느새 달아올랐다.

우리가 다니던 중학교는 시 전체에서 가장 우수한 중학교로 꼽혔으며, 매년 고등학교 진학률 1위를 차지했다. 나는 원래 다른 지역에 배정되었지만 이 학교로 바꿔서 시험을 치렀다. 당시 시험을 볼 때만 해도 실험반에 들어갈 만큼 성적이 좋지 못했다. 반면, 형은 우수한 성적으로 당당히 실험반에 들어갔고, 시험비를 면제받았다. 하지만 그러지 못한 나는 부모님께 수천 위안에 달하는 시험비를 달라고 해야만 했다. 그때를 생각하면 지금도 가슴이 쓰리다.

실험반은 컴퓨터로 수업을 진행했으며, 원목 마루가 깔린 교실에는 에어컨까지 설치되어 있었다. 책상은 모든 과목의 공책을 펼쳐 놔도 될 만큼 넓었다. 게다가 정원은 고작 마흔 명이었다. 그 당시에는 상상도 할 수 없는 일이었다. 내가 속한 반으로 말하자면, 시멘트 바닥에 벽걸이 선풍기가 달린 교실에서 여든 명의 학생이 함께 공부했다. 책상도 짝꿍과 반씩 나눠서 써야 했다.

시설보다 더 문제였던 것은 나와 같은 초등학교를 졸업한 친구들이 대부분 실험반으로 갔다는 사실이었다. 게다가 내가 속한 반에는 친해지고 싶은 친구도 없었다. 내 옆에는 껄렁한 분위기를 풍기는 친구 둘이 앉았는데 한번은 나를 패싸움 현장에 데려가기도 했다. 난 너무 놀란 나머지 울음을 터뜨릴 뻔했다.

하지만 일단 적응기가 지나고 나자 나의 중학교 시절은 아주 순탄했다. 늘 전교 1등을 차지했고 보란 듯이 실험반 학생들보다 높은 성적을 유지했다. 담임은 그런 나를 대견하게 여겼다. 나는 반장 선거에도 당선되고, 영어 부장을 겸하며 하루하루를 무난하게 보냈다. 나는 교단에서 선생님 대신 숙제를 걷고, 반 친구들을 감시하며 규칙을 어기는 사람의 이름을 공책에 적어 두었다가 담임에게 전했다. 지금 생각해 보면 정말 재수가 없었다.

사실 지각이나 떠드는 게 뭐 대순가, 숙제를 좀 안 내면 어떤가. 그러나 그때의 나는 고지식했고 작은 권력에 도취되어 있었던 것 같다. 나는 벽에 작은 칠판을 걸어 놓고 반 친구들의 일거수일투족을 살피며 규율을 어기는 사람들의 명단을 기록했다. 그때 내가 따로 작성하던 학급일지는 아직도 간직하고 있는데, 그 내용을 보면 정말 가관이다.

어쨌거나 우리 반은 언제나 가장 우수한 반으로 뽑혔고, 전 학년 1등도 놓쳐 본 적이 없다. 그 덕에 나는 수차례나 우수 반장으로 선발되기까지 했다. 낯선 아이들 사이에서 벌벌 떨었던 건 옛일이라는 듯 반장 노릇을 하는 와중에도 누구하고나 친하게 지냈다. 그래서 중학교를 졸업하고 친구들과 헤어질 때 얼굴이 퉁퉁 붓도록 아쉬움의 눈물을 흘렸다.

나는 형에게 아직도 이런 말을 한다. "형네 실험반 친구들은 그냥 공부하는 기계였고, 우린 인간적인 형제자매들이었지."

나는 친구가 많은 것은 아니었지만, 체육운동위원회원 Z와 규율위원회원 깜시와 친하게 지냈다. 우리 셋은 삼총사처럼 늘 붙어 다녔다. 우린 아침 수업이 시작하기 전에 매점에 모여 소시지와 콜라를 사 먹었는데, 그러다 수업 시간에 늦기라도 하면 다 같이 교실 밖으로 쫓겨나 벌을 받기도 했다. 그래도 눈곱만큼도 기죽지 않고 수업 중에 몰래 빵을 나눠 먹었다. 우리는 모두 임원이었지만 셋이 있으면 그렇게 시도 때도 없이 장난을 치고 웃고 떠들었다.

테이블을 사이에 두고 처음에는 어색한 기류가 흘렀다. 5년 만에 만난 친구들도 있고 길게는 8년 만에 본 친구들도 있었다. 그중에는 대학생이 된 친구, 일찍 사회생활을 시작한 친구, 두 아이의 엄마가 된 친구도 포함된다. 각자 다른 인생을 살게 되면서 예전의 모습과 다른 서로가 낯설었다. 하지만 인연은 그렇게 쉽게 끊어지는 게 아니다.

동창회장 L이 몇 마디 하자 모두들 젓가락을 들었다. 그 다음 순서인 나는 스무 명이나 모인 이곳에서 무슨 말을 해야 할지 몰라 난감한 기분이 들었다. 혹여나 말실수를 해서 분위기를 깨진 않을까 걱정도 됐다. 난 단단히 마음을 먹고 입을 열었다.

"한동안 내게 우정이란 아주 부담스러운 것이었어. 그것 때문에 고등학교 때는 휴학까지 생각한 적이 있었어. 나는 Z와 깜시는 물론이고 중학교에서 알고 지내던 모든 친구들과 헤어지고 톈진에 있는 고등학교로 진학했잖아. 하지만 중학교 동창들은 대부분 인근 고등학교에 들어가서 여전히 함께 놀고 함께 공부했지. 나만 홀로 외딴 곳에 떨어져 낯선 사람들과 지내야 했던 거야.

익숙했던 것들과 이별하고 새로운 환경에 적응하기가 너무 힘들었어. 태어나서 처음으로 기숙사에서 살게 된 것도 그렇고. 중학교 때까지는 집에서 통학을 했기 때문에 먹고 싶은 것이 있으면 마음껏 먹고, 하고 싶은 것도 맘대로 하며 살았는데 기숙사에서는 언제나 서로를 의식해야 했어. 다른 사람들이 날 싫어하지나 않을까, 이상하다고 생각하지는 않을까 겁이 나더라. 먹고, 마시고, 자는 것 어느 하나 편하지 않았어.

실제로 깊게 잘 수가 없더라. 여덟 명이 함께 쓰는 기숙사 방에 낡은 선풍기 하나가 전부인데 통풍도 안 돼서 늘 사춘기 남자애들의 땀 냄새가 진동했어. 기숙사에 들어간 첫날 저녁에는 새벽 3시가 되어서야 억지로 눈을 붙였지. 다음날 아침에 일어나 보니 베개 주변에 머리카락이 수북이 빠져 있는 거야. 세면실 거울에 비친 내 몰골을 보고 정말 경악했어. 내 평생 그렇게 망가진 모습은 처음이었거든. 나는 아침 식사 시간에 몰래 빠져나와 샴푸와 빗을 들고 다시 세면실로 향했어. 머리를 감고 옷매무새를 가다듬느라 나는 태어나서 처음으로 수업에 지각했어.

하지만 이 일은 고등학교에 적응하느라 겪었던 다른 고생에 비하면 새 발의 피야. 갑자기 기숙사 생활을 시작하면서 알게 된 외로움과 공부 스트레스, 처음 보는 아이들, 어색한 환경 등 모든 것이 낯설었고 힘들었어. 중학교 3년 동안 쌓아온 것들을 하루아침에 전부 잃어버린 기분이었어. 나는 더 이상 반장도 아니고 영어 부장도 아니었어. 오히려 학습 진도를 따라가지 못할까 두려워 아무것도 하고 싶지 않더라. 지금 생각해 보니 그때 난 아무것도 하고 싶지 않았던 게 아니라 아무것도 할 수 없었어. 나는 참 나약했어.

고등학교 첫 시험에서 나는 전교 140등을 했어. 하지만 내가 140등을 했다는 사실보다는 SNS에서 중학교 동창들이 나 없이도 신나게 웃고 떠들며 아주 재밌게 살고 있는 모습을 보는 게 더 괴로웠어. 심지어 어떤 친구들은 같은 반이 되어 평소처럼 장난을 치며 아무 걱정 없이 학교생활을 하고 있었어.

나는 너무 쉽게 무너졌어. 친구들의 행복한 모습을 보는 게 괴로웠어. 나만 소외되었다는 생각에 잘 먹지도 않고 공부도 열심히 하지 않았어. 종종 운동장 구석에 앉아 멍을 때렸고 혼자 있길 좋아했어. 난 고등학교에 들어간 지 1년 만에 25킬로그램이나 빠졌어.

Z와 깜시를 포함한 친구들이 의형제를 맺었다는 소문을 들었을 때는 뒤통수를 크게 한방 얻어맞은 것 같은 충격을 받게 되더라. 믿고 싶지 않아서 블로그도 안 봤어. 의형제를 맺었다는 아홉 명의 친구들이 찍은 단체사진을 보게 될까 봐 두려웠어. 하지만 그렇다고 없던 일이 되는 것도 아니지.

세월은 아무것도 바꿔 놓을 수 없다고 말한 사람은 도대체 누굴까?

그때 의형제를 맺은 친구들은 지금까지도 뭉쳐 다니며 서로를 형제라고 불러. 충격이 가신 후에 나는 더 이상 내가 그 사진에 없다는 사실에 신경 쓰지 않기로 했어. 대신 친구들이 한 달에 한 번씩 모일 때마다 찍은 사진과 포스팅을 보며, 각자의 길을 가는 것뿐이라고 스스로를 위로했어. 머리로는 묵묵히 받아들였지만 그래도 마음은 허전하더라.

나는 죽을힘을 다해 공부하기 시작했어. 예전 친구들과 멀어질수록 나는 더 나은 사람이 될 거라고 나를 세뇌시켰어.

당시 나는 자신을 괴롭히는 방식으로 아픔을 잊으려 했던 것 같아. 밤마다 친구들과 함께 어울려 놀고 공부하던 꿈을 꾸면서도, 그때 느꼈던 감정을 왜 잊을 수 없는지 모르겠더라. 뭔가를 빼앗긴 것만 같았어.

내가 할 수 있는 거라곤 공부밖에 없었어. 미친 듯이 공부를 해서 1등을 하는 것만이 내 나름대로의 복수라고 생각했어. 나는 아예 친구들의 블로그를 차단하고 행복한 그들의 모습을 보지 않기로 마음먹었어. 하지만 내가 그러거나 말거나 다들 아주 잘 지냈고.

그런데 1년 전인가, 쏜옌즈의 노래를 듣다가 갑자기 한 가지 사실을 깨달았어. 나는 친구들이 사기를 당했을 때, 억울하게 맞았을 때, 여자 친구와 헤어졌을 때, 한 번도 같이 있어 주지 못했다는 것을. 나는 문득 내가 잘못 생각했다는 사실을 깨달았어."

"건배!"

건배가 울려 퍼지자 장황했던 나의 인사말도 끝났다.

"건배!"

스무 개의 잔이 부딪치는 소리가 마치 과거의 시간이 부서지는 소리처럼 들렸다.

동창회가 다 그렇듯이 우리는 먹고 마시며 옆에 앉은 친구들과 지난날에 대해 이야기했다. 아주 오랜만에 봤는데도 누가 숙제를 베꼈다는 둥, 그 벌로 영어 단어를 몇 백 개나 써야 했다는 둥의 옛날 우스갯소리를 어제였던 것처럼 이야기했다. 그러자 서서히 그 시절에 느꼈던 감정이 되살아났다. 마치 타임머신을 타고 8년 전으로 돌아가기라도 한 것 같았다.

늘 머리를 길러 땋고 다녔던 아이, '댕기머리'는 여전히 같은 머리 모양을 고수하고 있었다. 예전에 '큰입이'가 그녀의 땋은 머리를 의자에 묶는 장난을 쳤는데 눈치채지 못한 그녀가 벌떡 일어나면서 머리카락이 세게 잡아끌렸다. 그녀는 놀라고 아파 눈물까지 찔끔했었다. 댕기머리는 그때를 회상하며 아직도 열이 받는다는 듯 술을 콸콸 들이켰다. 친구들은 깔깔거리며 웃었고 큰입이는 바삐 그녀의 빈 잔을 채웠다. 댕기머리에 관한 이야기는 계속 이어졌다. 어느 날은 큰입이가 그녀의 치마를 의자 다리에 묶어 놓고, 형광펜으로 그녀의 공책에 'LOVE'라고 써 놓은 적이 있었다는 것이다. 큰입이는 그때를 떠올리며 자기 눈이 삐었던 것 같다며 그 일은 잊어 달라고 말했고, 댕기머리는 더욱 화가 나서 그를 쫓아다니며 분이 풀릴 때까지 때렸다.

오랜만에 만난 Z는 머리가 좋고 성격도 대범한 데다 우리들 중에서 가장 잘생기기까지 해서 그 당시 학교에서 예쁘기로 유명했던 여자애와 사귄다는 소문이 돌기도 했다. Z가 당시 나와 얽힌 이야기를 시작하자 나는 젓가락질을 하던 손을 멈추고 귀를 기울였다.

그는 나를 가장 친한 친구로 기억했다. 우리는 등교도, 하교도 늘 함께했고, 수업 시간에 같이 간식을 먹으며 화학 선생님이 판서를 하는 틈을 타 분필을 던지며 장난을 치기도 했다. Z

는 매일 저녁 집에 가면 내게 전화해 숙제를 물어봤다. 시험기간에 다른 교실에서 시험을 보면 먼저 끝낸 사람이 기다려 주었고, 돈을 모아 똑같은 옷을 사 입거나 같은 모양으로 머리카락을 자르기도 했다. 도대체 왜 그랬는지 모르겠지만 심지어 안경 도수까지 똑같이 맞췄다. 하지만 나 혼자 다른 지역의 고등학교로 입학하면서 우리는 연락이 끊겼다.

Z는 나중에 다른 친구들과 의형제를 맺을 때 내가 자꾸 떠올랐다고 했다. 하지만 당시 Z의 곁엔 내가 없었다. 그렇게 1년이 지나고, 2년, 3년이 지나면서 우린 메신저로조차 안부를 묻지 않는 사이가 되고 말았다. SNS에서도 말을 걸거나 서로의 글에 댓글을 달지 않았으며, 심지어 생일 축하 인사를 하는 것도 낯선 사이가 되었다. Z는 우정도 결국 서로 주고받으며 한 걸음씩 다가가야 한다고, 내가 그런 노력을 하지 않았다고 말했다.

어디선가 조용히 하라는 소리가 들려왔다. 이어서 C가 큰 소리로 외쳤다. "지난날은 모두 잊고 술이나 마시자."

나는 그날 저녁 누군가 한 말이 계속 기억에 남는다.

"우리는 친구야. 오랫동안 못 만났어도 여전히 친구지. 그리고 앞으로 자주 연락을 못한다고 해도 계속 친구일 거야."

친구는 인생의 선물이지만 당연히 주어지는 것은 아니다. 서로가 한 걸음씩 다가가는 노력을 해야 상대방의 얼굴을 자세히 볼 수 있다. 누구에게나 평생 친하게 지내자고 약속한 친구들이 있다. 하지만 그중에는 서서히 연락하기도 어색한 사이가 된 친구도 많을 것이다. 그것은 흘러간 시간이나 물리적인 거리 탓이 아니라 스스로 친구를 소중히 생각하지 않았기 때문에 일어난 결과다. 진정한 친구는 체면이나 자존심 따위에 얽매이지 않으며 결코 망설이지 않는다.

지금까지 친구에게 버림받았거나 배신당했다고 생각하며 살아왔다면 더 이상 실망하지 말자. 내가 먼저 한 걸음 다가갈 수 있다면 다시 친구를 찾을 수 있을 것이다.

쏜엔즈의 노래에 이런 가사가 있다.

다 이해해요.

내가 싫어져 새로운 이에게 관심을 보이는 게 아니라는 걸요.

그대가 외로울 때 내가 옆에 있어 주지 못했어요.

세상에서
오직 형만 좋아해

오랜 시간을 함께하며 나는 형이 있다는 사실에 익숙해졌다. 그는 나의 또 다른 분신과 같다.

세상에서 오직 형만 좋아한다.

그래, 솔직히 그건 아니다.

사실 세상에서 어떻게 형만 좋아할 수 있을까? 하지만 형은 어릴 때부터 부모님을 대신해 나를 보살폈다. 어른이 되고도 형은 좋은 음식, 좋은 옷, 좋은 신발 등 뭐든지 내게 양보했다. 지금도 사업을 벌여 내 학비를 마련하고 있고 심지어 여자 친구를 찾는 것까지 도와준다. 이쯤 되면 형을 좋아하지 않기도 힘들다.

쌍둥이라곤 하지만 형은 나보다 높은 콧날과 진한 쌍꺼풀과 입체적인 얼굴형을 가지고 있다. 눈썹조차 더 예쁘다. 다행히 입매는 비슷하지만 형은 나보다 치아가 가지런하다.

나는 종종 이렇게 말한다. "21년 전에 내가 앞서서 2억의 경쟁자를 물리칠 때 상처가 좀 난 거야."

그 말에 친구들이 웃음을 터뜨리면 나는 다시 온화한 표정으로 형에게 이렇게 말한다. "이 몸이 그때 2억 대군을 막아내지 못했으면 형이 온전할 수나 있었겠어?"

어렸을 때 나는 자기밖에 모르는 철없는 아이여서 늘 엄마가 언성을 높이게 만들었다. 그러면 형은 엄마 앞에서 나를 호되게 꾸짖으며 심한 욕을 퍼부었다. 그리고 "어서 방으로 들어가서 반성해!"라고 소리치며 나를 방으로 거칠게 밀어 넣곤 했다. 하지만 방으로 들어와 문을 닫으면 어느새 따라 들어온 형이 씩 미소를 지으며 나를 혼내는 척 연기를 했다. 형은 종종 괴상한 표정을 지으며 얼굴을 못생기게 망가뜨려 열심히 나를 웃겨 주었다. 성인이 된 뒤에는 그게 잘 통하지 않자 내게 용돈을 주며 웃어 달라고 부탁까지 했다. 형이 내 기분을 풀어 줄 수 있을 만큼의 용돈을 쥐여 주면 그제서야 난 억지로 웃으며 부응해 주었다.

그러면 형은 옆에서 실없이 헤헤거리며 "착하기도 하지"라고 말했다.

그런 형을 보면 안쓰럽기도 했다. 형은 마치 우리 집에 고용된 중재인처럼 부모님도 나도 달래 주었고, 집안에 평화를 되찾아 주었다는데 스스로 꽤 만족스러워 했다.

엄마와의 전쟁이 시작되면 나는 삐쳤다는 사실을 온 천하에 공표하듯 엄마가 해 준 밥을 먹지 않았다. 물론 엄마도 내게 밥을 차려 주고 싶은 마음이 없기는 마찬가지다. 상황이 그렇게 돌아가면 어김없이 형이 등장했다. 형은 엄마 앞에서는 내가 철이 없어서 그런다며 이참에 아예 굶기는 게 낫다고 큰소리치고 뒤로는 내가 좋아하는 음식을 몰래 가져다주곤 했다.

형은 정말 훌륭한 연기자다. 그는 우선 아무도 몰래 빈 그릇 하나를 내 책상 위에 올려놓고는 후다닥 사라진다. 어이없어 하는 내 표정은 볼 틈도 없다. 그러고는 내가 좋아하는 음식을 가득 담은 그릇을 들고 망을 보다가 엄마가 딴 곳을 보는 사이에 잽싸게 내 방으로 들어와 빈 그릇과 바꿔치기한다. 그 후엔 유유히 밖으로 나가 아무 일도 없었다는 듯이 어슬렁거리는 것이다.

형은 액션영화를 좋아해서 내게 음식을 전해 줄 때마다 혼자 상황극을 했다. 문을 살짝 열고 그릇을 밀어넣고는 비장한 목소리로 낮게 말한다. "여기 오래 머무를 수 없어. 바로 떠나야 해. 그럼 잠시 후에 빈 그릇을 수거하러 올 테니 이 음식들을 빨리 해치워 줘." 그러고는 살그머니 문을 닫는다. 끝까지 진지한 표정을 유지하며.

정말 못 말리는 형이다.

그리고 정말 좋은 형이다.

어릴 때부터 나는 형이 뭐든지 다 할 수 있는 왕자였으면 했다. 어차피 형의 것이라면 뭐든지 가질 수 있었기 때문이다. 나는 시험을 망쳤을 때도 형에게 내 시험지를 100점으로 만들어 달라고 떼를 썼다. 그렇게 해 주지 않으면 바닥에 앉아 울고불고 난리를 피웠다. 그때마다 형은 100점 맞은 자기 시험지 성명란에 투명테이프를 붙였다 떼었다 하면서 이름을 지워서 내게 줬다. 그러면 나는 얼굴색 하나 변하지 않고 뻔뻔하게 내 이름을 썼다.

형은 맞바꾼 시험지를 들어 보이며 말했다. "너 정말 유치한 거 알지?"

나는 내가 유치하다는 형의 말을 대부분 인정하는 편이다. 하지만 유치해도 상관없다. 유치해질수록 난 형의 것을 더 많이 가져올 수 있었다.

시간이 한참 흐른 뒤에도 형은 내게 그때 일을 들먹였다. "넌 정말 유치했어. 시험지에서 내 이름을 모두 지우고 네 이름을 써 넣어야 직성이 풀렸지. 사실 내 이름에서 '원文' 한 글자만 '하오豪'로 바꾸면 됐는데 말이지."

더 어릴 때 나는 성적이 썩 좋은 편이었지만 형은 아니었다. 내 기억에 따르면 형은 언제나 내 뒤에 있었다. 나는 동네 할아버지, 할머니들 앞에서 옛 시를 암송하며 잘난 척 하기를 좋아했는데, 그럴 때마다 옆에서 구경하던 형을 끌고 와 내가 외운 시 뒷부분을 이어서 읊게 했다. 그리고 당황해서 버벅거리는 형을 보며 배꼽이 빠질 듯이 웃었다. 때로는 내 짓궂은 장난에 화가 난 형이 나를 구석으로 불러내 주먹으로 위협하는 시늉을 하기도 했다. 하지만 내게 그런 게 먹힐 리가 없다. 나는 오히려 허리를 꼿꼿하게 펴고 눈을 부라리며 대들었다. "때리기만 해 봐. 당장 내 엄마한테 달려가 이를 거야!"

언제나 철이 없던 나는 말끝마다 '우리 엄마'가 아니라 '내 엄마'를 찾았다. 몇 분 동생이라는 이유로 오냐오냐하며 커 온 나는 매사에 이런 식이었다. 치킨을 사 오면 가장 큰 닭다리는 언제나 내 차지였고 텔레비전도 반드시 내가 보고 싶은 프로그램을 봐야 했다. 그중에서도 기억에 남는 순간이 있다. 내가 과자를 봉지째 들고 형에게는 하나도 주지 않은 채 좋아하는 드라마를 보고 있었다. 그때 형은 옆에 멀뚱하게 앉아 웃긴 장면이 나올 때마다 나를 따라 웃었다. 그럼 나는 '감히 내 드라마를 보면서 웃어?'라는 눈빛으로 형을 째려보았다.

어린 나는 그렇게 형을 우리 집에 어디선가 주워 온 객식구 취급했다. 나중에 '생각'이란 걸 하게 되고 우리가 똑같이 생겼다는 사실을 깨닫고 나서야 나는 형이 얹혀사는 게 아니란 걸 알았다. 하지만 동생에게 구박당하면서도 형은 크게 신경 쓰지 않았다. 엄마가 형노릇을 하라고 누누이 가르쳤기 때문일까? 아니면 타고나게 마음이 더 넓은 것일까? 어쩌면 둔한 성격 탓에 별 생각이 없었는지도 모른다.

어린 내가 형에게 저지른 악행의 리스트는 끝이 없다. 초등학교 때 나는 글자를 예쁘게 잘 썼지만 형은 악필 중의 악필이었다. 선생님은 부모님을 불러 삐뚤삐뚤 휘갈겨 쓴 형의 과제 노트를 보여 주며 주의를 당부했다. 그리고 궁서체로 가지런히 쓴 내 과제노트를 보여 주고 서예가의 솜씨 같다며 칭찬을 아끼지 않았다.

그날 형은 고개를 푹 숙인 채 말이 없었고 나는 목을 빳빳이 세우고 의기양양했다.

언젠가 선생님이 숙제를 내 주셨는데 나는 학교에서 미리 숙제를 마친 뒤 집으로 돌아와 형을 도발했다. "우리 같이 숙제해. 빨리 끝내고 나가서 놀자." 형은 큰 눈을 깜박이며 신난 표정을 짓더니 몇 분 지나지 않아 숙제를 마쳤다.

나는 천연덕스럽게 형과 내 노트를 부모님에게 보여 주며 말했다. "숙제는 다 했으니 검사해 보세요. 문제가 없으면 우린 나가 놀게요."

부모님은 날아갈 것 같은 형의 글씨를 보고 너무 화가 나서 공책을 찢을 뻔했다.

형은 울면서 숙제를 다시 했고, 벌로 같은 문장을 다섯 번씩 베껴 써야 했다. 쌍둥이라 어쩔 수 없는지 그 모습을 보니 나도 똑같이 쓸쓸하고 우울해졌다. 게다가 나 때문에 생긴 일이란 생각에 자책감마저 들었다.

하지만 자책감을 느낀 것도 잠시, 그 후에도 나는 계속 형을 골탕 먹이는 데 많은 시간을 할애했다.

둘 다 성인이 되었는데도 이 굴레는 끊어질 줄 모른다. 형은 여전히 나를 잘 보살피고 무슨 일이든 윗사람 된 도리로 나를 가르치려 한다. 그러면 나는 어깨에 중대장 계급장이라도 단 것처럼 이렇게 대꾸한다.

"어이, 소대장 주제에 감히 나를 가르치려고 해?"

초등학교 때 나는 전교 1등을 해서 제1소년선봉대에 가입했고 형은 전교 10등을 해서 나보다 늦게 제2소년선봉대에 가입했던 것을 두고 아직도 형을 놀리는 것이다. 그리고 상황이 불리하다 싶으면 늘 하던 대로 "그만두지 못해? 당장 엄마한테 가서 이를 거야"라고 말한다.

세상에 영원히 변하지 않는 것은 없나 보다. 예전에는 형이 정말 못생겼다고 생각했다. 살이 통통하게 올랐을 때는 정말 못 봐 줄 정도였다. 그런데 높은 콧날과 쌍꺼풀이 제자리를 찾은 요즘 형은 어딜 가나 잘생겼다는 소리를 듣는다. 정말 이상하다. 우리가 똑같은 옷을 입고 있어도 사람들은 형이 잘생겼다는 사실에만 주목할 뿐이다. 우리는 똑같이 생겼는데 말이다.

분해서 씩씩거리면 형은 내게 이렇게 말했다. "너무 발악하지 마. 21년 전에 싸우다 생긴 상처가 깊어서 그래."

지금까지도 나는 형을 골탕 먹이는 일을 좋아한다. 형이 용과를 먹고 싶다고 하면 나는 용과의 가운데 부분만 파먹고 나머지를 형에게 가져다준다. 용과를 받은 형이 어이없다는 웃음을 지으며 이게 어떻게 된 일이냐고 물으면 나는 이렇게 말한다. "용과는 가운데가 제일 달대. 그래서 형 대신 내가 먹어

버렸어."

성인이 된 우리는 사이가 아주 돈독해졌다. 겉으로만 친한 게 아니라 서로 진심으로 아끼고 챙긴다. 나는 낭만적이고 자상한 성격으로 변했고 형은 그런 나와 함께 있으면 항상 웃음이 터진다. 비가 내리면 나는 형에게 우산을 양보했다. "형이 써. 감기 걸리지 말고." 그러면 형은 행복한 표정을 지으며 물었다. "그럼 너는?"

"택시 타면 돼."

형이 학교 일로 바쁠 때는 안쓰러운 생각이 들어 몸에 좋은 과일을 사다 준다. 여름에는 시원한 코코넛에 빨대를 꽂아 형이 사는 기숙사로 가져다주기도 한다. 물론 형의 기숙사로 가는 도중에 내가 코코넛 주스를 다 마셔 버릴 때도 있지만. 뭐, 그럴 때는 내 방으로 다시 돌아와 형에게 잘 자라는 문자를 보내 주는 것도 괜찮다.

언젠가는 머리를 감지 않아서 뿔테안경을 쓰고 외출을 했는데 거리에서 한 젊은 여자가 나를 보고 흥분된 목소리로 말을 걸었다. "위안쯔하오 맞죠? 같이 사진 좀 찍어도 돼요?" 나는 웃으며 알았다고 한 뒤에 사진을 찍을 때 일부러 못생긴 표정을 지었다. 그리고 사실은 위안쯔하오가 아니라 그의 형 위안쯔원이라고 밝히며 웨이보에 사진을 올릴 때 위안쯔원과 사진을 찍었다는 말을 꼭 써 달라고 당부했다. 여자는 웃으며 고개를 끄덕이고는 자리를 떠났다.

형과 쇼핑을 가면 나는 옷을 입어 보고 결정하는 역할만 하면 된다. 옷을 고르면 점원이 묻는다. "결제는 카드로 하세요, 현금으로 하세요?" 그러면 나는 언제나 이렇게 대답한다. "옆쪽에 저랑 똑같이 생긴 남자에게 물어보면 돼요." 가끔씩 그런 나를 못마땅하게 생각하는 점원을 만나면 이런 대답이 돌아온다. "손님, 옆쪽에 손님과 똑같이 생긴 분은 없거든요?"

내가 말은 이렇게 해도 사실 형의 말을 잘 따르는 편이다. 어릴 때 형을 너무 괴롭힌 탓에 마음이 편치 않아서 그런 것 같기도 하다. 때때로 나는 형이 하늘에서 내려 준 선물이 아닐까 하는 생각을 한다.

나는 언제나 형에게 의지할 수 있었다. 고등학교 시절, 형은 나를 누구보다 잘 이해했다. 내가 앞으로 나아갈 때든 좌절할 때든 유일하게 그 이유를 알았다. 다른 사람들이 나를 칭찬할 때도, 험담을 늘어놓을 때도, 내가 어쩔 줄 모르고 있으면 알맞은 조언을 해 주는 사람도 형이다. 내 인생에서 가장 힘들고 고통스러운 순간에도 형은 내게 따뜻한 눈빛과 넓은 가슴을 내어 주며, 포기하지 말고 계속 걸어가다 보면 언젠가 좋은 날이 올 것이라고 위로해 준다.

대학에 입학한 뒤에도 매번 중요한 선택의 순간에는 항상 형이 옆에 있었다. 사실 오랜 시간을 함께하며 나는 형이 있다는 사실에 익숙해졌다. 형은 나의 분신과 같다. 중요한 결정을 할 때 한 사람은 "예스"라고 하고 또 다른 사람은 "노"라고 하기 때문에 균형이 유지되는 것 같기도 하다. 나보다 더 나를 신경 써 주는 사람이 곁에 있으니 나는 정말 행운아다.

누구나 그런 사람이 있을 것이다. 아니, 반드시 있어야 한다. 세상에서 오직 형만을 좋아할 필요는 없지만, 내 곁을 지켜 줄 누군가는 꼭 필요하다. 형은 지금 내게 그런 사람이다.

2014년 7월 26일 밤 11시 17분, 지금도 형은 내게 어서 자라고 성화다. 내가 자리를 잡고 누우면 형은 분명히 잊지 않고 말하겠지. "잘 자" 하고.

지금,
가장 아름다운 순간을 꿈꾸며

자신을 긍정적으로 생각하는 낙관적인 태도와 낡은 자신을 부정할 수 있는 용기를 가지길, 세상에 순응하는 인내와 세상을 바꿀 수 있는 포부를 가지길, 태양을 좇는 꿈과 어두운 밤을 지키는 신념을 가지길, 홀로 길을 나서는 용기와 고독에 저항하는 단단한 의지를 가지길 바란다.

나는 젊다. 아직 친구가 제일 좋다. 꿈도 많고 내 꿈을 깰 수 있는 사람은 아무도 없다고 생각하며 패기에 불타오르기도 하지만, 한편으로는 늘 나에게 만족하지 못하고 방황한다. 하지만 시간이 나를 원하는 모습으로 바꾸어 줄 것이라고 믿는다.

지금까지의 나는 평범하게 부침도 있는 삶을 살아왔던 것 같다. 좋은 일도 힘든 일도 많았고, 그냥 우스운 일들도 있었다. 그 시간들 속에서 나는 많이 변했다.

초등학생 때 나는 지각을 밥 먹듯이 하고 늘 말썽을 피웠다. 나무 책상에 글자를 새기는 것을 좋아했다. 쓰레기가 생기면 아무데나 버렸다. 가끔은 좀 특별하게 버리기도 했다. 빈 파란 약병이 생길 때면 그 안에 소원을 적은 쪽지를 넣어 교실 동쪽에 있는 회화나무 아래 묻었다. 시장이 학교에 방문하면 선생님은 나를 포함한 개구쟁이 학생들을 학교 앞으로 내보내 놀게 했다. 아마도 우리가 교실에서 소란을 피울까 봐 걱정이 됐던 것 같다.

당시 나는 겁쟁이이기도 했다. 사스가 유행했을 때에 나는 기침만 해도 사스에 걸리는 건 줄 알고 감기에 안 걸리기 위해 필사적으로 노력했다. 그때 처음으로 무슨 일이 생기면 죽을 수도 있다는 것을 알았다. 물론 실제 상황은 내가 생각했던 것만큼 심각하지는 않았다.

나는 초등학교를 졸업하면서 최우수 학생으로 뽑혔다. 하지만 공부를 잘할 뿐이지 별 볼 일 없는 뚱보였다. 살이 통통하게 올라 옆모습과 앞모습이 똑같을 정도였다. 당시 나는 여름만 되면 아이스크림을 달고 살았다. 졸업앨범 방명록에 친구들은 다이어트를 하라는 말을 가장 많이 남겼다. 사이가 안 좋았던 여자애들은 살을 빼지 않으면 앞으로 연애는 절대 못할 거라는 악담까지 했다.

고등학교에 입학해서 기숙사에 들어간 첫날 급식소의 마파두부에서 씹다 버린 껌이 나왔다. 그래서 지금까지도 마파두부를 먹을 때는 무척 조심하게 된다. 그 정도가 특별한 일일 정도로 지난한 일상이었다. 그때 나는 무리에 섞여 평범하게 지냈다. 여전히 뚱뚱했고, 키도 보통이었고, 학교 성적도 그저 그랬다. 매일 교복을 입고 친구들과 마찬가지로 무료한 학창생활을 했다. 문과와 이과가 나뉠 때 국어 선생님이 말했다. "문과에 가서 인문대학에 진학하렴. 열심히 공부해서 베이징대학에 가는 거야." 그때부터 내 목표는 베이징대학에 들어가는 거였다.

그 후 나는 3분 만에 밥을 먹어치우고 쉬는 시간에도 책을 보고 밤낮으로 공부하는 '공부벌레'로 변신했다. 그해 나는 거의 모든 친구와 연락을 끊고 혼자 공부만 했다.

고등학교 3학년 2학기에 베이징대학 특별전형 시험에서 나는 시간을 착각해 영어, 역사, 정치 세 과목의 답을 카드에 옮겨 적지 못했다. 그날 저녁 나는 정신이 나간 사람처럼 울었다. 그리고 다시 마음을 다잡기까지 엄청난 무력감과 싸워야 했다.

대학에 올라와 어쩌다 보니 유명세를 타면서 인터넷 뉴스에 이름이 오르내렸고 곤란한 일을 많이 겪었다. 악플 때문에 마음고생을 하기도 했다. 그때 처음 내가 아무것도 하지 않았는데도 미움을 받을 수 있다는 사실을 알았다.

누구나 힘들고 포기하고 싶을 때, 초조하거나 실의에 빠졌을 때, 왜 눈물이 나는지 설명할 수 없을 때가 있을 것이다. 남보다 재수가 없을 수도 있고, 하는 일마다 잘 풀리지 않거나 친했던 사람에게 배신을 당하기도 한다. 가족들과 시도 때도 없이 싸우고 주변 사람들이 다 떠나 버려 외롭고 지칠 때도 있다. 조용한 밤마다 자신의 뜻대로 되지 않는 것들을 모조리 부셔 버리고 싶은 마음이 간절해지기도 한다.

하지만 걱정할 필요 없다. 사람은 누구나 그렇다.

우리는 살면서 뛰어넘을 수 없을 것 같아 보이는 다양한 고통들을 겪게 된다. 때로는 원하지 않는 사람을 만나게 되기도 한다. 하지만 내게 중요한 것들을 부여잡고 버텨나간다면 어둠 속에서 잠 못 이루던 날들에 언젠가는 감사하게 된다. 길고 고통스러웠던 날들이 우리에게 더할 나위 없이 소중한 시간이 된다. 나는 그렇게 믿는다.

우리는 고통과 실패, 비웃음을 극복하고 다시 일어났을 때 비로소 단련된 자신을 발견한다. 그리고 아픔을 견뎌 낸 나를 자랑스러워 하게 된다. 누군가의 인정 때문이 아니라 내 자신이 보아 온 내가 귀하게 여겨지기 때문이다. 내가 소중한 것을 지키려, 힘겨운 시간을 이기려 애쓰고 몸부림친 그 자체가 얼마나 귀하고 아름다운 것인지 마음 가득 느껴지기 때문이다. 그렇게 쌓은 나에 대한 애정이 인생을 살아가는 가장 소중한 토대가 되어 준다.

자신을 믿는 사람들은 이러한 마음의 거름을 차곡차곡 쌓아 온 사람이다. 누군가 나를 믿지 않아도 나는 나를 믿을 수 있기 때문에 타인의 시선에 연연할 필요가 없다. 조급할 필요도 휘둘릴 필요도 없다. 내가 믿는 나는 결국 옳은 방법으로 원하는 삶을 찾아갈 것이다.

이 책에서 나는 내 인생에서 일어났던 중요한 사건과 사람에 대한 이야기를 소개했다. 물론 형과 나에 관한 이야기도 포함한다. 여기에 등장한 사람들은 내 소중한 청춘의 시간을 빛내 주었다. 사람은 누구나 이런 친구들이 있을 것이다. 그들은 나를 사랑해 주기도 하고 상처를 입히기도 한다. 그리고 그중 몇몇은 시간이라는 태풍이 지나간 뒤에 다시 만나서도 웃으며 이야기할 수 있을 것이다.

내가 소개한 이야기를 읽으며 그런 친구들을 떠올려 보면 좋겠다. 그러다 보면 내 옛사랑이 그리워지거나 더 따뜻하지 못했던 시간들에 대한 후회가 느껴질 수도 있다. 책을 덮으며 더 이상 내 인생에 비겁하지 않기로, 내 인생에서 도망치지 않기로 마음먹는다면 더할 나위 없이 좋겠다.

자신을 긍정적으로 생각하는 낙관적인 태도와 낡은 자신을 부정할 수 있는 용기를 가지길, 세상에 순응하는 인내와 세상을 바꿀 수 있는 포부를 가지길, 태양을 좇는 꿈과 어두운 밤을 지키는 신념을 가지길, 홀로 길을 나서는 용기와 고독에 저항하는 단단한 의지를 가지길 바란다.

그렇게 살 때 당장의 성공과 실패는 중요하지 않다. 매 순간이 나를 만들고, 매 순간이 눈부신 추억이 될 테니까.

나는 모두가 어느 쪽이든 가장 아름다운 시간을 지금, 보낼 수 있길 희망한다.

화려한 타인의 삶을 부러워하며 쓸쓸해 할 필요도 없다. 그들도 우리와 마찬가지로 청춘이 있었고 방황했었다. 게다가 그들에게는 영원히 오지 않을 청춘이 지금 이 순간 우리에게는 있다. 나는 이 순간을 놓치고 싶지 않다. 나는 이 청춘을, 이 순간을, 원망과 부러움으로, 부당함과 허세로 메우고 싶지 않다. 진심으로, 아름다운 것들로, 소중한 것들로, 옳은 것들로, 생기 넘치는 것들로, 새로운 것들로 활기차게 채우고 싶다. 언젠가 오늘을 돌아보며 스스로 감동받을 수 있도록 말이다. 그리고 나는 청춘이기에 그런 삶이 더 나은 결과를 낳는다고 믿는다.

PART B

길을 잃어 보석을 얻는다

위안쯔원

남자들이 착하기만 한
여자를 버리는 이유

진정한 사랑은 상대방의 환심을 살 필요가 없다. 사랑을 하면 자유분방한 모습도 사랑스럽게 보이고, 게으름 피우는 것도 순수하게 비쳐진다. 화를 내도 솔직하다고, 바보같이 굴어도 귀엽다고 여기게 만든다. 하지만 사랑하지 않으면 이성적인 모습도 냉정하게 느껴지고, 이해심이 많은 것도 답답하며, 심지어 숨 쉬는 것까지도 증오하게 된다.

당신의 옆에도 이런 여자가 있을지도 모른다. 그들은 친구나 남자 친구에게 모든 것을 다 퍼 주고, 심지어 그들을 위해 자신의 삶까지 포기한다. 이유는 단 하나, 사랑하기 때문이다. 하지만 이들은 늘 상실감과 공허함에 괴로워한다.

그녀들은 엄청난 미인도 아니고 몸매도 뛰어나지 않지만, 대부분 고학력자에다 새벽 5시부터 밤 9시까지 일하며 힘들게 살아가고 있을 가능성이 높다.

또한 도시 중심가에서 멀리 떨어진 곳에서 싼 방을 임대하여 살며, 매일 출퇴근에 몇 시간이나 길에서 낭비한다. 그리고 부지런하고 성실하게 일하지만 상사에게 질책을 당하며 더 나아질 것도 없어 보이는 그저 그런 삶을 살아간다.

그녀들은 친구나 남자 친구와 함께 있을 때는 태양처럼 밝게 웃고, 그들이 기쁘면 함께 기뻐하고 그들이 힘들어하면 베이징을 반 바퀴 돌아서라도 찾아가 밥을 사 준다. 그리고 그들이 조금만 힘들다고 해도 자신의 모든 것을 갖다 바친다.

'고기만두'도 그런 여자 중 하나다.

참고로 이 별칭은 그녀가 직접 고른 것이다.

그녀는 내가 예전에 참여했던 프로그램의 연출자였다. 처음 그녀를 봤을 때 '누가 날 놀리나?' 했다.

그녀는 유행하는 모자에 미니스커트, 유치한 티셔츠를 걸치고 학생 가방을 매고 있었다. 세 번이나 전화해서 확인하지 않았다면 맹해 보이는 그녀를 연예인을 따라다니는 여자애쯤으로 생각했을 것이다.

그녀는 프로그램 연출자로서 나를 인터뷰하기 위해 자리를 마련했다. 그녀는 여섯 살짜리 여자애나 가지고 다닐 법한 큰 곰 인형이 달린 볼펜과 하트가 그려진 분홍색 공책을 꺼내더니 질문을 시작했다.

"동생은 같이 안 왔네요?"

"네 좀 늦게 올 거예요."

"그럼 시작할까요?"

"네."

"동생과 재밌는 추억이 많나요?"

"네. 웨이보에 올린 이야기가 전부 실제 있었던 일이에요."

"음악 감상을 좋아하나요?"

"네, 하지만 노래는 안 불러요."

인터뷰 내내 대답을 너무 짧게 한 건 아닌가 걱정하고 있는데, 그녀는 아주 만족스러운 표정으로 질문을 이으며 공책에 뭔가를 열심히 적었다. "아니요" "모르겠어요" 따위로 끝나는 전혀 영양가 없는 문답을 하면서 적을 게 뭐가 있었는지 아직도 잘 모르겠다.

심심했던 어느 날 나는 그녀의 블로그를 둘러보았다. 60~70 퍼센트의 포스팅이 새벽 1, 2시에 업로드 되었고, 대부분 일과 관련된 내용이었다. 간간히 그날의 기분이나 감상도 기록되어 있었다. 나는 블로그를 보며 그녀의 삶을 대충 상상해 보았다.

그녀는 방송국에서 일한다. 일이 고되기로 유명한 방송국 직원답게 그녀는 불면증을 앓고 있었다. 새벽 3, 4시에 잠을 이루지 못한다는 글도 있고, 새벽 5시에 해 뜨는 사진을 업로드하며 새로운 날의 업무를 시작했다는 글도 남아 있다.

교류하고 있는 사람들은 모두 연예인이나 인터넷에서 유명한 인물들이었다. 그녀의 표현을 빌려 말하자면 이렇다. "당신 둘은 풋내기라서 식전에 먹는 애피타이저 수준밖에 안 돼요. 까다로운 진짜 VIP들을 상대하다 보면 언젠가 내게 무릎을 꿇리고 싶은 마음이 굴뚝같아요. 하지만 이 일을 하면서 제 자존심은 진즉에 바람을 타고 날아가 버렸어요."

연봉은 보통 수준일 것이다. 그녀는 매일 아침 7시에 부추전병 냄새로 가득한 지하철을 타고 사람들 틈에 끼어 꾸벅꾸벅 졸면서 출근한다.

블로그의 글에 따르면 그녀는 매일 울면서 악몽에서 깨어난다. 끼니를 때우고 월세를 내기 위해 치열하게 일하다 보면 얼굴에는 주름만 한가득 늘어난다. 일하지 않을 때면 사람들을 붙잡고 하소연하기를 좋아한다.

하지만 그녀는 무엇보다 밝고 착하다. 매일 도시락만 먹으면서도 온종일 웃는 얼굴이며, 길을 걸을 때도 신발에 스프링이 달린 것처럼 팔짝팔짝 뛰어 다닌다.

그녀는 이미 자신의 삶에 익숙해졌다. 매일 밤 10시가 넘어서야 베이징 남서부 끝에서 지하철을 타고 동북부 끝에 있는 집으로 돌아간다. 야근을 밥 먹듯이 하고 자신의 일이 끝나면 동료들의 일까지도 두 팔을 걷어붙이고 도와준다. 그녀는 맹목적으로 낙관적이다. 오랫동안 이리저리 부딪치고 넘어지면서도 너무 고민하지도, 따지고 계산하지도 않는다.

그녀는 모든 것이 하늘이 준 선물이라고 여기며, 남들에게 뺏기거나 잃어버린 것들은 애초에 자기 것이 아니라고 생각한다. 친구들이 걱정이 있다고 하면 진심으로 위로해 주고, 자신보다 다른 사람의 생일을 더 중요하게 생각한다. 베이징의 전형적인 소시민인 그녀는 사람들 앞에서는 활짝 웃고, 뒤에서 눈물을 흘린다.

언젠가 그녀에게 이런 말을 해 주고 싶다. "모든 사람들이 다 좋은 친구라고 생각해서 모든 사람들에게 마음을 쓰는 거라면 그건 어리석은 짓이에요. 당신 마음 따위 아랑곳하지 않는 못된 사람을 만나면 틀림없이 비참할 만큼 상처를 받게 될 거예요."

그러면 그녀는 여전히 밝은 미소를 지으며 이렇게 대답할

게 뻔하다. "괜찮아요. 저는 좋은 운명을 타고나서 나쁜 사람을 만나지 않을 거예요."

그녀에게 이런 질문을 한 적이 있다.

"왜 이렇게 낙관적이에요?"

그녀가 답했다. "혹시 '생각을 바꿔라'라는 주문을 들어 본 적 있어요?"

"네? 뭐라고요?"

"생각을 바꿔라! 일이 힘들고 지칠 때는 돈을 벌 수 있다는 사실에 감사하는 거예요. 가족들이 보고 싶을 때는 가족 모두 건강하니 다행이라고 생각을 바꿔 보고요. 외로울 때는 마음이 통하지도 않는 사람과 함께 있는 것보다 낫다고 위로해요. 사람은 누구나 걱정을 하지만 생각을 바꿔 보면 기분이 나아져요. 이게 바로 제가 늘 낙관적인 이유예요."

"자신을 위하고 만족시켜 줄 생각은 안 해요?"

"오히려 그 반대예요. 저는 자신을 만족시키겠다는 생각으로 이렇게 버틸 수 있었어요. 그렇지 않았다면 매일 눈물로 지새우며 슬픔에 빠져 지냈을 거예요. 진즉에 고향으로 돌아가 시집이나 갔을지도 모르죠."

"당신은 당신을 위하는 게 뭔지 모르는 거 같아요. 당신은 꼭 어떤 일을 하든 마음이 아프고 힘들어야 정상이라고 느끼는 사람 같아요. 그러면서 괴롭다는 걸 숨기려고 늘 웃죠."

갑자기 그녀의 눈빛에서 생기가 사라졌다.

"그렇지 않아요."

"네?"

그녀의 얼굴이 어두워졌고 내가 이제까지 한 번도 보지 못했던 침울한 표정을 지었다. 그녀는 잠시 생각에 잠기는 듯하더니 고개를 들고 입을 열었다.

"원래 이 이야기는 안 하려고 했는데 생각해 보니 이미 다 지난 일이고 해서 말해도 상관없을 것 같네요."

약 3년 전, 그녀는 한 남자와 만나 사랑에 빠졌는데 그녀는 베이징 본부에서 일하고 그는 상하이 지점에서 일했다. 둘은 장거리 연애를 시작한 지 반 년이 지나도록 매일 두세 시간씩 전화를 붙들고 살았다. 하지만 나날이 올라가는 비행기 표 삯과 함께 있고 싶은 마음을 이기지 못한 이 바보 같은 여자는 회사에 사표를 던지고 말았다. 그녀는 간단한 짐만 챙겨 가족과 친구들 곁을 떠나 상하이라는 낯선 도시로 갔다.

"저는 정말 기뻤어요."

나는 뭔가 석연찮은 기분으로 물었다. "정말 기뻤나요? 두려워한 게 아니라요?"

그녀는 잠시 머뭇거렸다. "저는…… 잘 모르겠어요. 그는 저를 보고 정말 기뻐했어요. 하지만 자기와 아무 상의도 하지 않은 것에 대해서는 원망하는 것 같았어요. 저는 그를 기쁘게 해 주고 싶었어요. 그에게 희생을 바라는 것도 아닌데 왜 상의를 해야 하는 거죠?"

그렇다. 이것은 그녀 같은 여자들의 전형적인 사고패턴이다.

그녀의 돌발 행동으로 남자 친구는 매우 당황했을 게 분명하다. 하지만 사랑하니까 괜찮겠거니 하며 일단 덮었을 것이다. 남자 친구와 그녀는 함께 방을 구하고 새로운 일자리를 알아 봤다. 그렇게 한 달 정도 고생하자 생활도 안정되어 가는 듯했다. 두 사람은 새집으로 이사하면서 새롭게 출발하길 희망했다.

그녀는 여기저기서 "현모양처가 되는 100가지 방법", "좋은 여자 친구가 되기 위한 팁" 등의 글들을 찾아 읽어 가며 열심히 따라했다. 매일 아침, 저녁으로 정성스럽게 식사를 준비했고 비오는 날이면 문 밖까지 나가 우산을 들고 그를 배웅한 뒤 슬리퍼를 끌고 집으로 돌아왔다. 그녀는 남자 친구를 '큰애기'로 만들었다. 남자 친구도 처음에는 그런 그녀를 사랑스럽게 봤지만, 시간이 흐르자 점차 그녀를 무시하고 심지어 귀찮아하기까지 했다. 그녀가 집에서 살림하느라 바쁘던 중 그는 밖에서 다른 여자와 바람이 났다. 같이 산 지 단 3개월 만이었다.

새 애인이 생긴 그는 그녀에게 이별을 고했다. 더 놀라운 사실은 남자 친구의 새 애인이 바로 상하이에서 그녀가 아는 유일한 친구였다는 점이다.

그녀는 멍한 눈빛으로 말했다. "저는 이해할 수 없었어요. 그렇게 잘해 줬는데 그의 마음이 떠난 이유가 뭘까요?"

나는 이유를 알 것 같았다. 아침에 일어나면 가장 먼저 사랑하는 사람의 자는 얼굴을 보고 싶은데 옆자리는 늘 텅 비어 있고 그녀는 주방에서 기름 냄새를 풀풀 풍기고 있었던 건 아닐까? 퇴근해서 집으로 돌아오면 이야기를 나누며 하루의 스트레스를 해소하고 싶은데 그녀는 청소하고 밥하고 빨래하느라 말할 시간조차 없지 않았을까? 그녀가 최선을 다하는 것은 알았지만 그가 원하는 여자 친구의 모습은 아니었다. 그는 마음이 통하는 소울메이트를 바랐지만 그녀는 열심히 일만 하는 암탉 같았다.

그녀는 비난할 만한 일을 하지 않았기 때문에, 떠날 이유를 주지 않았기 때문에 남자 친구도 숨 막히는 하루하루를 버티며 살았지만, 결국에는 스스로 나쁜 놈이 되어 그녀 곁을 떠나고 만 것이다.

나는 말했다. "그에게 왜 떠났냐고 물어봤어요?"

그녀는 고개를 끄덕였다. "네. 저는 정말 괜찮은 여잔데 다 자신이 잘못해서 그렇다고 하더군요. 하지만 저랑은 더 이상 같이 지낼 수 없다고 하더군요. 정말 인간쓰레기 아닌가요?"

나는 마음속으로 외쳤다. '빙고!'

그녀는 지갑에서 쪽지 한 장을 꺼냈다. "그가 이사할 때 책상에 남기고 간 건데 계속 버리지 못했어요. 자주 꺼내 보면서 무슨 의민지 생각해 봤지만 아무리 봐도 잘 모르겠어요."

쪽지에는 이렇게 적혀 있었다. "네가 준 사과는 전부 윤기 나고 탐스러웠어. 넌 사과를 열심히 씻으면서 사과를 따는 게 얼마나 힘들었는지, 사과가 얼마나 맛있는지에 대해서 쉬지 않고 떠들었지. 넌 내게 정말 잘해 줬지만 이건 몰랐을 거야. 내가 좋아하는 과일은 사과가 아니라 배였어."

나는 계속 마음속으로 외쳤다. '빙고! 빙고!'

내가 물었다. "그가 바람났을 때 어떻게 반응했어요?"

그녀가 대답했다. "전 정말 죽고 싶을 만큼 힘들었어요. 하지만 그 앞에서는 울지도 소리를 지르지도 않고 냉정해지려고 노력했어요. 저는 그의 마음이 돌아올 때까지 기다릴 거라고 했어요. 그를 괴롭히지 않겠다고도요."

나는 다시 외쳤다. '빙고! 빙고! 빙고!'

그녀는 언제나 진심으로 사람들을 대했다. 어디에서나 적절한 말과 행동을 했고, 뜨거운 열정과 비장하기까지 한 희생

정신도 보여 주었다. 그녀는 그렇게 자신을 완벽하게 만들어 갔다.

사랑이든 우정이든 깊은 인간관계에서는 서로를 바닥까지 이해하고 포용해야 한다. 가끔의 말다툼과 눈물은 다른 두 사람을 조금씩 깎아 내어 하나로 만드는 과정이기도 하다. 하지만 그녀는 너무 크고 둥근 원이라서 깎아 낼 모서리가 없었기 때문에 다른 사람에게 맞출 기회도 없었다.

예전에 대만 예능 프로그램인 〈캉시라이러康熙来了〉에서 스무 명의 청춘을 인터뷰했던 게 기억난다. 인터뷰 중에는 프로그램 MC 쉬시디蔡康永와 차이캉융徐熙娣 중에서 누구와 함께 여행을 가고 싶은지 묻는 질문도 있었다.

그런데 열여덟 명이 쉬시디와 여행을 가겠다고 대답해서 모두를 깜짝 놀라게 했다. 쉬시디는 입이 가볍고 잘난 척하지만 함께 있으면 즐거운 반면, 차이캉융은 박학다식하고 뭐든 척척 해내지만 친구가 아니라 선생님 같아 불편하다는 이유였다.

여자들이 마음속으로 품어 왔던 의혹에 대한 답이 여기 있는 게 아닌가 한다.

"내가 저 애보다 더 똑똑하고 예쁜데 왜 쟤가 나보다 인기가 더 많을까?"

그것은 사람은 누구나 열려 있고 여유로워 편안하게 속내를 터놓을 수 있는 친구를 원하기 때문이다. 시시각각 신경을 곤

두세우고, 좋은 사람이 되기 위해 기를 쓰는 사람은 환심을 살지는 몰라도 마음을 터놓기는 어렵다.

진정한 사랑은 상대방의 환심을 살 필요가 없다. 사랑을 하면 자유분방한 모습은 낭만적으로 보이고, 게으름 피우는 것도 순수하게 비쳐진다. 화를 내도 솔직하다고, 바보 같이 굴어도 귀엽다고 여기게 한다. 하지만 사랑하지 않으면 이성적인 모습도 냉정하게 느껴지고, 이해심이 많은 것도 답답하며, 심지어 숨 쉬는 것까지도 증오하게 된다.

상대가 인정머리 없이 구는데도 늘 헤헤거리며 대하는 바보 같은 여자는 매력이 없다. 그녀들은 큰 부담을 등에 지고도 입가에 미소를 유지할 수 있다. 그다지 욕심도 없고 누군가를 원망하지도 않는다. 그녀들은 누군가 약간의 호의만 보여 주면 마음속에서 우러나오는 진심을 다 갖다 바친다.

그녀들은 아무것도 가리지 않은 따뜻한 마음으로 살다보면 현실의 냉랭함 속에서도 자연스럽게 해피엔딩을 맞을 수 있을 거라고 꿈꾼다. 하지만 과연 그럴까?

인생에서 누가 해피엔딩을 맞이하게 될지는 아무도 모른다. 나는 단지 바보 같은 그녀들이 넘치는 사랑을 자신에게 쏟길 바랄 뿐이다.

자신을 사랑하지 않는 여자는 매력이 없다. 진심을 갖다 바칠 만한 사람인지, 그럴 필요가 없는 사람인지 구별하지 못하는 여자는 더더욱 매력이 없다. 진심을 갖다 바칠 만한 사람이라 할지라도 그 앞에서 자신을 다 버리는 여자는 바보다. 적어도 괜찮은 남자라면 상대가 자기를 위해 모든 것을 희생하기를 원하지 않을 것이다. 사람은 누구나 상대가 행복하기를 원하지, 나를 위해 모든 것을 희생하고 헐떡거리기를 바라지 않는다.

착하다는 것, 순수하다는 것, 늘 긍정적이라는 것은 모두 아름다운 가치들이다. 하지만 그 가치들을 지키느라 자신을 파괴하게 된다면 그것은 허세고 바닥난 자존감의 또 다른 표현일 뿐이다.

주변에 꼭 하나씩은 있는
여자 대장부

주변을 둘러보면 타인에게 관대하고 자신에게 엄격한 이런 여장부가 반드시 한 명쯤은 있을 것이다. 그녀들은 뭐든지 혼자서 해내고 아무리 힘들어도 의욕을 불 태우며 평생 열정적으로 산다.

나는 카페에 30분이나 무료하게 앉아 있었다. 나를 이렇게 기다리게 할 수 있는 사람은 동생을 제외하면 아만밖에 없다.

짜증이 머리끝까지 났는데 쇼윈도 너머로 커다란 가방을 매고 뒤뚱거리며 뛰어오는 아만이 보였다. 갑자기 그녀를 놀려주고 싶었다.

나는 그녀 몰래 화장실 뒤쪽으로 몸을 숨겼다.

아만은 실내를 세 바퀴나 돌고도 나를 찾지 못하자 어병한 표정으로 휴대폰을 찾았다. 그녀는 가방에서 책, 거울, 물병, 열쇠를 꺼내 테이블에 어지럽게 늘어놓고서야 가장 깊숙한 곳에서 휴대폰을 겨우 꺼냈다. 그녀와 5미터쯤 떨어져 있던 나는 그제야 천진하게 미소 지으며 손을 흔들었다. "아만, 여기야."

나를 본 그녀는 황당하다는 표정을 짓고는 테이블의 물건들을 닥치는 대로 다시 쓸어 담기 시작했다.

"하하하, 물건들 잘 챙겨. 서두르지 마!"

"이 나쁜 놈! 숨어서 날 골탕 먹인 거야?"

"정말 넌 줄 몰랐어. 문 앞에서 뭘 주섬주섬 꺼내기에 잡상인인 줄 알았지. 카페에서 좌판을 벌였다고 누가 신고라도 하면 어쩌려고 그래?"

"헛소리 좀 그만해. 목말라 죽겠어!" 아만은 번개처럼 빠르게 내가 마시던 라떼를 가져가 단숨에 마셔 버렸다.

"이봐, 그거 내 커피야. 다시 하나 시킬까? 여기는 카페지

장터에나 있는 노점이 아니라고. 라떼를 냉수 마시듯이 들이 키지 좀 말아 줄래?"

"그래그래, 알았어. 그럼 이 소녀를 위해 여름 특별 냉수 한 잔만 시켜주시겠소?"

"네 마마, 시간이 없으니 소인이 어서 준비하겠사옵니다."

아만은 재빨리 나머지 물건을 집어넣었다. 한 손으로는 가 방을 정리하고 나머지 한 손으로는 휴대폰을 켜서 문자를 봤 다. "이런, 망했다. 이번 주 수요일에 구술시험이 있네."

아만은 가방에서 내 원고를 꺼내 둘둘 말았다가 다시 반대 로 말면서 잘 폈다. 그리고 앞머리를 가지런히 정리하고 한숨 돌렸다는 표정으로 자세를 고쳐 앉았다.

"그럼 시작해 볼까?"

나는 아만을 보며 5년 전 처음 만났을 때의 그녀를 떠올렸다.

고등학교에 입학했을 때, 아만은 곱슬머리에 뚱뚱한 소녀 였다. 내분비선의 활동도 왕성해서 얼굴에 여드름이 덕지덕지 나 있었다.

그래도 나를 비롯한 몇몇 남학생은 그녀에게 시선이 갔다. 예뻐서가 아니라 워낙 말도 빠르고 날카로워서 누구든 그녀와 얘기하다 보면 흠씬 두들겨 맞은 꼴이 되었기 때문이다.

시간이 흐르고 아만과 나는 친한 친구가 되어 속마음을 털어놓을 수 있는 사이가 되었다. 그 시절에는 아주 쉽게 친구를 사귀었다. 서로 좀 다르다고 해도 문제가 되지 않았다. 우리는 활동수업이나 설날 공연, 특별강의 시간에 속마음을 적은 쪽지를 돌리며 더 가까워졌다. 당시에는 그런 것이 유행이었다. 아만과 친구가 되고부터 나는 그녀를 괴롭히는 애들이 있으면 가장 먼저 나서서 혼내 주었다. 하지만 사실 아만은 내 도움이 필요 없었다.

우리는 꽤 친해져서, 아만의 집에 한번 놀러가 점심을 먹고 아만의 아버지께 인사를 드린 적도 있었다.

아만의 아버지를 처음 뵈었을 때 나는 장난기를 뺀 목소리로 "안녕하세요!"라고 힘차게 인사했다. 그는 반백의 머리에 체격은 앙상했다.

"저기…… 우리 아빠야." 나는 그때 처음으로 아만의 다소곳한 목소리를 들었다.

아만의 아버지는 행동과 풍모 하나하나에서 위엄이 느껴졌다. 나는 학교에서 누구든 건들기만 해 보라는 듯 강하고 독립적이며, 당당하게 행동하는 아만이 그 힘을 아버지에게 물려받은 게 틀림없다고 생각했다.

식사를 마친 뒤 아만은 아버지를 거들어 그릇을 치웠고, 내가 집으로 갈 때는 아버지 뒤에 서서 평범한 소녀처럼 배웅을 했다.

학교에서는 강한 척하며 찔러도 피 한 방울 안 나올 것처럼 행동하고 사람들이 쉽게 다가오지 못하게 하던 아만이 집에서는 더 없이 얌전한 딸로 지내고 있었다.

아만의 아버지는 타지에서 고등학교를 다니느라 고생하는 그녀에게 안정된 환경을 만들어 주려고 베이징 회사에 사직서를 냈다. 그리고 학교 근처에 작은 집을 마련해 날마다 자전거를 타고 멀리 떨어진 회사로 출근했다가 퇴근하고 나면 밤늦게까지 공부하는 딸 앞에서 책을 읽었다. 아만은 말했다. "나는 정말 열심히 공부해야 해. 그래야 아빠가 한 고생에 보답해 드릴 수 있어."

고등학교 3년 내내 실험반 학생들은 미친 듯이 공부했다. 당시 우리는 지독한 스트레스를 받으며 공부 벌레로 살았다. 점심시간이 되어도 식당으로 바로 달려가지 않고 교실에 남아 공부하다가 식당에 사람들이 줄어들 때쯤 들어가 집에서 보내 준 도시락을 꺼내 먹었다. 아만은 아버지가 만든 도시락을 순식간에 먹어 치웠다. 그녀는 입으로 음식을 씹는 동시에 도시락을 정리해 봉지에 담았다. 그리고 바로 머리를 질끈 묶고는 계속 공부에 매진했다.

친구들은 모두 게걸스럽게 먹는 아만을 보고 여장부가 따로 없다고 떠들었다. 밥을 먹자마자 움직이지 않으니 갈수록 살이 찌는 거 아니냐며 웃었다. 하지만 나는 그녀가 왜 항상 고개를 처박고 공부만 해야 하는지, 왜 그렇게 힘들게 사는지 알고 있었다.

그렇지만 나도 가끔은 정말 돌부처처럼 아무에게도 눈길도 주지 않은 채 오로지 공부만 하는 아만의 속내가 궁금했다. 그래서 장난스레 떠 보기도 했다. "너 사실 나 좋아하지?" "나랑 그렇게 가까이 지냈는데 어떻게 나를 좋아하지 않을 수 있어?"

그러면 바로 그녀의 주먹이 날아왔다. 아만은 사람들과 과격한 장난도 잘 주고받았지만 사실 그런 행동으로 자신의 마음을 감추고 있었다.

아만은 책 읽기를 좋아했다. 그런만큼 글을 쓰는 것도 즐겼다. 그래서 기분이 우울할 때면 그녀는 내게 사춘기의 감상이 가득한 쪽지를 건네곤 했다. 답장을 하면 그녀는 〈프렌즈〉의 모니카나 〈빅뱅이론〉의 셸든 같은 결벽증 환자처럼 그 쪽지들을 전부 모아두었다.

멋진 추억을 잔뜩 만들 수도 있는 시기에 아만은 아무도 자기만의 세계에 들어오지 못하도록, 아무도 그녀의 마음을 뒤흔들 수 없도록 자신을 더 독하게 만들었다. 마음에 빗장을 달아걸고 필사적으로 공부했고 어쩔 수 없는 스트레스는 먹는 것으로 풀며 학창시절을 버텼다. 나는 흔들림없는 그녀의 모습이 장부 같다고 생각했다. 다행히 그녀는 해피엔딩을 맞이했다. 아만은 수능시험에서 좋은 점수를 받아 런민대학의 최고 인기 학과에 합격했다.

베이징에 온 첫해, 아만은 머리카락을 곧게 폈다가 다시 웨이브를 넣었다. 그리고 처음으로 굽이 높은 구두를 신고 치마를 입었다. 다이어트로 살을 수십 킬로그램이나 뺀 그녀는 훨씬 예뻐졌지만, 여전히 그녀를 보면 어딘가 여장부 같았다.

가장 인상 깊은 기억은 대학교 1학년 되던 해 겨울이었다. 기숙사에서 옷을 몇 개나 껴입고 아무 근심 없이 간식을 먹고 있던 어느 주말에 아만이 웨이보에 사진을 올렸다. 세 손가락으로 아이스크림을 잡고, 나머지 두 손가락으로 V를 그리며 힘들게 찍은 셀카였다. 사진 속 그녀는 두툼한 목도리를 둘렀는데 머리카락은 겨울바람에 정신없이 휘날리고 있었고, 코는 빨갛게 언 채로 아주 행복하게 웃고 있었다.

나는 사진을 보자마자 이렇게 댓글을 달았다. "너 미쳤어? 이렇게 추운 날 밖에서 아이스크림은 왜 먹고 있어? 어서 집에 가서 몸 좀 녹여!"

아만에게 전화가 걸려 왔다. "오늘 과제 때문에 나 혼자 항구에서 세 시간이나 사진을 찍었어. 도와주기로 약속한 친구가 못 왔거든. 집에서 나올 때 장갑을 한 짝만 가지고 나오는 바람에 손이 꽁꽁 얼었네. 할 일을 마쳤으니 나에게 아이스크림을 선물한 거야." 전화기 너머에서 그녀가 뭔가를 흡입하는 소리가 크게 들렸다. 아마도 아이스크림이 녹아서 손등이나 옷 위로 떨어진 것을 그녀가 핥아 먹은 것 같다. "전화 끊어야겠어. 내 아이스크림을 먹어 줘야 할 것 같거든."

아만은 과연 장부다웠다. 그리고 그런 그녀의 모습은 오래 알아 갈수록 매력적이었다.

아만은 지금도 학내의 과학 연구 프로젝트에 참여해 많은 업무량을 소화하면서 동시에 유학 준비 중이다. 여전히 저녁은 먹지 않으며 매일 밤마다 5킬로미터씩 달린다.

뭐든지 혼자 힘으로 척척 해내는 여장부를 보고 있으면 어쩐지 가슴이 아파 온다.

그녀라고 마음을 준 사람이 없었던 건 아니었다. 대학교 2학년 봄, 런민대학 근처의 작은 식당에서 아만을 만나 함께 매운 만두를 먹던 중이었다.

"사실 말이야……, 내가 예전에 얘기했던……, 고향에 사는 그 남자애를 좋아했어."

나는 그 말을 들었을 때 하마터면 입에 있던 만두를 뱉을 뻔했다.

"먹어, 먹어. 나 때문에 체하면 안 되지." 그녀는 숟가락으로 매운 국물을 휘휘 저었다.

"4년 동안 정말 열정적으로 좋아했어. 중학교 2학년 여름방학 때부터였던 것 같아. 그 애는 내가 처음으로 친구가 된 남자였어. 항상 서로 모르는 문제를 가르쳐 줬어. 나랑 반대표도 했는데 같이 철판구이를 먹으러 간 적도 있어. 그 애는 매년 내 생일 한 달 전부터 정성껏 선물을 준비했고, 나도 내 생일은 까먹어도 그 애 생일은 절대 까먹지 않았어. 그런데 내가 고등학교에 입학한 뒤로는 더 이상 메시지가 오지 않는 거야. 그래도 생일만 되면 내게 무슨 선물을 갖고 싶은지 물어봐 주었지. 나는 매일 그의 블로그에 들어가 글을 남겼지만 답장은 점점 잦아들었어. 그러다가 그 애가 옆 반 여자애와 함께 붙어 다닌다는 걸 알게 된 거야.

그때 어떤 기분이 들었는지 알아? 나는 매일 방과 후에 창가에 엎드려 그 여자애가 어떤 아이일까 생각했어. 마음껏 울지도 못했어. 그래도 그 애 생일에는 늘 그랬듯이 한 시간 전부터 아무것도 안 하고 기다렸다가 생일 축하 문자를 보냈어. 나중에는 나도 점점 연락하지 않게 됐지만 그래도 고등학교 3학년 그 애 생일 때 용돈을 탈탈 털어 축구화를 선물했어. 그런데 고맙다는 말도 듣지 못했어.

대학교 1학년 겨울방학 때, 중학교 동창회가 있어서 정말 예쁘게 차려 입고 갔는데 그 애는 나타나지 않았어. 그날 나는 이 인연은 거기서 끝이라 생각하며 내 생활에 충실하기로 마음먹었어. 그런데 말이야, 내가 견디기 힘든 것은 그 애가 나를 좋아하지 않았고, 앞으로 내 삶에서 다시는 볼 수 없을 거란 사실보다는 올해 내가 그 애 생일을 까먹었다는 거야.

모든 것이 그래. 서서히 잊히고 지나가지. 아무리 큰 걱정이나 아픔도, 감당할 수 없을 것 같던 슬픔도 다 시간에 희석되어 서서히 사라지는 거야."

나는 어떤 말도 하지 않았다.

"넌 아무 말도 안 해도 괜찮아. 결국엔 나도 그를 좋아하지 않았던 거야."

아만은 억지로 가볍게 어깨를 들썩이더니 고개를 숙이고 만두를 먹었다. 그녀는 고추를 듬뿍 얹어먹으며 눈물을 조금씩 흘리는 것 같더니, 어느새 엉엉 소리 내어 울기 시작했다.

나는 어찌해야 할지 몰랐다.

여장부의 세계는 다른 사람들이 이해할 수 없는 것인지도 모르겠다. 사실 그녀들은 타인의 이해를 바라지 않는다. 배고프면 먹을 것을 찾아 먹고, 졸리면 자고, 하고 싶은 게 있으면 스스로 하고, 할 줄 모르면 배워서라도 한다. 그리고 여행을 가고 싶으면 언제든지 떠나고, 집에 있고 싶으면 보름 동안 밖에 나오지 않기도 한다. 한마디로 그들은 뭐든지 알아서 한다.

그녀들은 넘어지면 이렇게 말한다. "아직 안 죽었어. 울긴 왜 울어." 그녀들은 아프면 병가를 내고 집에서 푹 쉬고 코미디 프로를 보며 큰 소리로 웃는다. 실연을 당하면 주변의 맛집에 가서 실컷 배를 채우고 포만감을 즐긴다. 마치 세상에 "난 괜찮아"라고 선포하듯이 말이다.

그녀들은 독립적이고 당당하게 살며, 아픔과 고통은 오로지 혼자서만 간직한다.

주변을 둘러보면 타인에게 관대하고 자신에게 엄격한 이런 여장부가 반드시 한 명쯤은 있을 것이다. 지금 이 글을 보고 떠오르는 사람이 있다면 전화하거나 문자를 보내 이렇게 말해 주길 바란다. "뭐든지 혼자서 다 할 필요는 없어. 상처를 받고도 강한 척할 필요도 없어."

혹은 앞으로 그런 여장부를 만난다면 진심으로 그녀들과 친구가 되어 주길 바란다.

아만과 같은 여장부들이 힘들고 지칠 때 가까운 친구를 떠올릴 수 있었으면 좋겠다.

졸업 후에 친한 친구들과 함께 노래방에 갔을 때 아만은 옛날 노래 〈들백합에도 봄날이 野百合也有春天〉를 불렀다.

그녀와 어울리지 않는 감성적이고 애수 어린 선곡에 친구들은 소리를 지르며 야유를 보냈다. 하지만 나는 이 노래가 아만을 위로해 주는 거라고 생각했다. 여장부라 해서 외로움과 아픔이 적지는 않을 것이다. 다만 다른 사람을 성가시게 하고 싶지도 않고 약해 보이는 모습으로 타인의 사랑을 갈구하고 싶지 않을 뿐이다. 여자가 강하다는 건 어쩌면 시간이 많이 흐른다고 해도 남자들에겐 어쩌면 부담스러울 수 있다. 하지만 그 가치를 알아봐 주는 친구는 반드시 있다.

그녀와 멀지도 가깝지도 않은 거리에 앉아 처음으로 아만의 노래를 듣고 있으니 그동안 그녀가 겪었던 일들이 가사와 함께 눈앞에 펼쳐지는 것 같았다. 그녀는 담담하게 노래를 불렀지만 그녀의 마음속에도 과거가 스쳐 지나가고 있음이 분명했다.

아무리 강한 척해도, 아무리 멀쩡한 척해도, 친구라면 알 수 있다. 그녀도 홀로 남겨진 텅 빈 시간이 누구보다 아프고, 늘 당당하게 맞서는 많은 일들 앞에 떨고 있다는 것을.

하지만 아만에게 말해 주고 싶다. 친구는 말이지, 강하지 않아도, 멀쩡하지 않아도, 좀 무너져도, 네 친구라는 것을.

까칠한 친구,
린

때때로 그녀는 깨끗하고 투명한 거울과 같아서 나를 되돌아 보게 한다. 너무 조심하며 사느라 내가 진짜 하고 싶은 일을 하지 못하고 있는 건 아닐까? 내가 예전에 그토록 진절머리 쳤던 속물이 되어 가고 있는 건 아닐까?

린은 귀국한 지 세 시간 만에 나를 만나러 나타났다.

"부탁인데 남자랑 밥 먹으러 나올 땐 화장이라도 좀 해 주면 안 돼?" 나는 컵을 내려놓으며 잔뜩 찌푸린 표정으로 말했다.

"헤헤. 이른 시간이잖아. 짐 정리도 안 하고 바로 씻고 나왔어." 태연하게 웃으며 그녀는 해외에서 사 온 선물을 늘어놓았다.

린은 언제나 내게 선물을 주는데 그중에는 미래의 내 여자 친구를 위한 속옷처럼 내게 전혀 소용없는 것들도 포함되어 있다.

"화장품이랑 간식은 필요 없으니 나머지만 가져갈게."

"이렇게 뭘 몰라서야. 이게 한국에서 얼마나 유명한 화장품인줄 알아? 네가 정 싫다면 내가 써야지." 그녀는 어린애처럼 입을 삐죽거리며 고개를 가로저었다.

몇 년 전이라면 상상도 할 수 없는 모습이다.

그녀는 초등학교 때부터 유명했다. 그녀의 반은 다른 반보다 자전거를 타는 학생이 두 배나 많아서 자전거를 빽빽하게 세워 놓아야 했다. 그런데 그녀는 늘 제멋대로 주차를 해 자기 자전거 양옆에 세워진 자전거를 쓰러뜨리고는 아무렇지도 않게 지나갔다. 초등학교 때 나는 그녀와 같은 반이 된 적이 없는 데도 소문은 익히 들어 알고 있었다.

중학교에 입학한 첫날, 우리는 같은 반으로 배정되었다. 담임이 들어오고 소란스럽던 교실이 조용해지자 그녀가 갑자기 일어나 말했다. "선생님, 위안쯔원이 저보고 바퀴벌레라고 욕했어요."

우리는 말 한마디 제대로 주고받지도 않은 참이었다. 교실은 순식간에 다시 소란 속으로 빠져들었다. 이 일은 앞으로 린의 곁에서 겪게 될 일들의 신호탄에 불과했다.

중학교 2학년 때, 졸음이 몰려오는 오후의 지루하기 짝이 없는 물리 시간에 앞줄에 앉은 친구들은 몰래 잡담을 나누고, 뒷줄에 앉은 녀석들은 달콤한 도둑잠에 빠져 있었다. 젊은 물리 선생님은 땀을 뻘뻘 흘리며 팔을 들어 전류의 방향을 설명해주고 있었다.

린은 전 시간부터 이어폰을 낀 채 수업을 들었고, 반장이었던 나는 눈을 부릅뜨고 억지로 졸음을 참고 있었다.

무거운 눈꺼풀을 이기지 못하고 있을 때 린이 나를 쿡 찌르며 말했다. "저기 선생님 툭 튀어나온 배 보여? 세상에, 평소엔 티가 안 나서 잘 몰랐는데 배가 산만 하네."

나는 순간 잠이 확 깼다. 린의 이어폰에서는 시끄러운 음악 소리가 들려왔다. 그래서인지 그녀는 자신의 목소리가 평소보다 세 배나 커져 있다는 사실을 모르는 것 같았다.

교실에는 침묵이 뒤따랐다.

하지만 정적도 잠시 뿐, 터져 나오는 웃음을 참을 수 있는 사람은 없었다. 물리 선생님은 교단 위에서 귀까지 벌겋게 달아오르더니 분필을 집어 던지고 교실을 나가 버렸다. 나는 린의 귀에서 이어폰을 뺀 뒤 얼빠진 표정으로 한번 쳐다보고는 일어나서 교무실로 향했다.

린과 나는 담임에 이어 교장의 훈시까지 들었다. 나는 반장으로서 교실 분위기를 통제하지 못한 잘못을 반성하는 시늉이라도 했지만, 린은 자신의 잘못을 인정하지 않았다.

"제가 일부러 그런 건 아니고요, 단지 이어폰을 낀 걸 까먹었을 뿐이에요."

린은 여전히 되바라진 태도로 대답했다.

"그게 선생님을 존경하지 않는다는 뜻이야!"

"존경하지 않는다는 건 아니에요. 물리 선생님의 교육 방식은 대단히 존경해요. 하지만 선생님의 몸매만큼은 존경할 수가 없어요. 정 그러시면 물리 선생님더러 우리 반 학생들 앞에서 제가 뚱뚱해서 못 봐 주겠다고 말하라고 하세요. 그리고 제가 교실 밖으로 뛰쳐나가는지 지켜보라고 하면 되잖아요."

"너 정말……."

그때 난 교무실에서 그녀의 말을 듣고 어안이 벙벙했다. 늘 모범생이었던 나는 이런 당돌한 태도는 처음이었다. 린은 그야말로 개선장군처럼 기세등등했다.

교무실을 나오자마자 내가 물었다. "선생님에게 대들다니 무섭지도 않아?"

그러자 그녀는 대수롭지 않다는 듯이 말했다. "왜 무서워해 야 하지?"

나는 순간 얼어붙고 말았다.

그 뒤로도 린은 이번에는 영어 선생님과 한 차례 갈등을 일 으켰다. 그때 선생님은 컴퓨터로 수업을 진행했는데 린이 게 임을 하다가 발각되어 한바탕 혼이 났다. 선생님은 그녀에게 앞으로 성공할 가능성도 없고 부모가 학교에 보내 주는 돈이 아깝다며 핏대를 세웠다. 가만히 듣고 있던 린은 갑자기 책상 의 컴퓨터를 들고 모두가 보는 앞에서 바닥에 내동댕이친 뒤 발로 마구 밟았다. 분노한 선생님은 아무 말 없이 교실을 나갔 다. 교실은 순간 찬물을 끼얹은 듯한 정적이 흘렀다. 이내 학급 임원들은 누가 선생님을 모시러 갈 것인지를 두고 의견이 분 분했다. 평소 좀 논다 하는 친구들은 린에게 친한 척했고, 소위 모범생들은 귀찮은 표정을 지었다.

그때까지 선생님에게 정면으로 대드는 학생은 거의 없었기 에 그 일을 둘러싼 소문은 일파만파로 퍼졌다. 모두들 린을 걱 정했지만 그녀는 오히려 침착했다. 나는 흥미진진하게 사태의 추이를 지켜보았다. 그리고 겁 없는 그녀에게 참을 수 없이 호기심이 생겼다. "선생님과 다른 친구들의 평가는 아예 신경 쓰지 않는 거야?"

그녀는 진지하게 답했다. "내가 왜 다른 사람들을 신경 써야 해? 나는 나를 위해 사는 거야."

"그럼 넌 아무것도 두렵지 않아?"

"전혀."

그녀의 대답은 아주 단호했다. 내가 예상하던 그대로 였다.

고등학교 시절 린의 명성은 더욱 높아졌다. 선생님이 휴대폰을 압수하려고 하면 눈앞에서 휴대폰을 부셔 버렸고, 수능시험 5개월 전에는 공부하기 싫다며 고향으로 돌아가 버렸다. 린은 그 외에도 온갖 이해할 수 없는 일들을 저질렀다.

그런 그녀와 내가 친한 친구가 되었다.

린은 어느 누구와도 달랐고, 누구보다 강했다. 그러나 그녀에게는 의외의 면이 있었다.

한번은 중학교 2학년 때 활동과목 시간이었는데 반 여자애들 몇이 책상을 빙 둘러싸고 있길래 그쪽으로 가 봤다. 거기에는 다리가 끈으로 묶인 아기 새가 날아가지 못해 버둥거리고 있었다. 그때 아기 새를 본 린은 달려와 누가 그랬냐고 따졌고 그 자리에 있던 애들은 모두 모른다고 고개를 내저었다. 그녀는 아기 새를 옭아맨 끈을 풀려고 했지만 손이 말을 잘 듣지 않아 끈은 더 엉켜 갔다. 새가 푸드덕거리며 고통스러워하자 그녀는 닭똥 같은 눈물을 흘리며 옆에 있는 여학생에게 도와 달라고 부탁했다. 그때 멀리 서 있던 나는 처음으로 그녀의 여리고 따뜻한 내면을 보았다.

사람은 동전의 양면처럼 단점과 장점을 모두 가지고 있지만 단점은 종종 장점을 가려서 판단을 흐린다. 나는 어느새 다른 사람들이 보지 못하는 린의 모습을 볼 수 있게 됐다.

친구에게 일이 생기면 린은 늘 가장 먼저 달려와 주었다. 그녀의 눈에는 옳고 그름, 좋고 나쁨, 곡선과 직선이 아주 분명했다. 그녀는 가정형편이 아주 좋은 편이었지만 친구를 사귈 때 친구의 집안 같은 건 전혀 따지지 않았다. 그녀는 쉽게 시작하고 끝내는 연애를 좋아하지 않았다. 친구들이 도움을 청할 때면 귀찮아 하는 법이 없었다. 그리고 항상 여자는 독립적이어야 한다고 말했다.

자신의 이익을 위해서라면 뭐든지 하는 세상에 린처럼 진심으로 사람을 대하는 사람을 나는 몇 보지 못했다. 대학에 진학하고, 책을 내고 텔레비전에 얼굴을 알리게 되면서 새로운 친구들을 많이 알게 되었지만, 린은 여전히 내 가장 친한 친구다. 그녀는 내가 어떤 조건과 상황에 있든 한결같이 대한다. 나는 그런 그녀가 좋다.

173

린은 자신만의 방식으로 세상을 이해하고 자기만의 방식으로 진심을 보여 준다. 때때로 그녀는 깨끗하고 투명한 거울과 같아서 주변 사람들을 잘 비춰 준다.

너무 조심하며 사느라 내가 진짜 하고 싶은 일을 하지 못하고 있는 건 아닐까? 내가 예전에 그토록 진절머리 쳤던 속물이 되어 가고 있는 건 아닐까? 이런저런 고민으로 마음이 무거워지고 있을 때면 그녀는 언제나 이렇게 말하곤 한다.

"인생 뭐 있어? 술이나 한 잔 하자."

그러던 그녀가 갑자기 어른이 되었다. 예전에는 만나도 늘 불평불만을 늘어놓던 그녀가 이제는 내 일상에 대해 묻는다. 그녀는 베이징대학에서 내 생활은 어떤지, 창업한 회사는 잘 굴러가고 있는지, 앞으로의 계획은 무엇인지 물었다.

"예전에는 이런 것에 관심 없었잖아. 갑자기 개과천선이라도 한 거야?" 나는 눈을 흘기며 물었다.

"헤헤, 이제 나도 스무 살이야. 내가 언제까지 말썽이나 부리며 살 수 없잖아? 그랬다간 시집도 못 갈 거야. 이젠 엄마 걱정을 좀 덜어 드려야지. 엄마도 많이 늙었어."

린의 어머니는 회사에서 고액 연봉을 받는 워킹맘이다. 이제 엄마가 밥을 하면 린은 집안을 정리한다. 예전에는 절대 고집을 꺾을 줄 모르던 린은 지금은 설령 자신이 옳다고 생각해도 엄마의 마음을 헤아려 말할 줄 안다. 그리고 예전에는 밖으로 돌기 좋아했지만 지금은 집에서 엄마와 보내는 시간을 즐긴다. 내가 말했다. "너도 이제 철들었구나."

"글쎄, 중요한 게 뭔지 알게 되었을 뿐이야."

린은 점점 타인을 잘 이해하고 배려할 줄 아는 사람으로 변하고 있다. 원하는 일을 찾지 못해 답답하고 조급해 하면서도 그녀는 이미 달라지고 있다.

우리는 함께 어른이 되었다. 8년이라는 시간 동안 그녀는 소녀에서 어른이 되었다. 여전히 모난 구석이 없진 않지만 그녀는 순수하고 솔직하다. 늘 더 나은 사람이 되려고 노력하면서도 처음 만났던 그녀의 모습을 간직하고 있다.

많은 순간 우리는 다른 사람들의 시선에 갇혀 살아간다. 특히 여자는 '착한 여자'가 되어야 한다는 보이지 않는 억압에 시달린다. 스스로 결정하기보다 부모님의 결정을 따르는 삶을 강요받는다. 게다가 강하고 억센 모습은 비호감이라는 꼬리표를 달기 쉽다. 어느 순간 많은 여자들은 남자 친구와 세상 사람들의 눈에 예뻐 보이길 바라며 자신을 잃어 간다.

린은 한 번도 다른 사람들이 바라는 대로 살지 않았고 언제나 용감하고 과감하게 행동했다. 그리고 다른 사람들의 시선 때문에 자신의 생각을 바꾸거나 부정해 본 적도 없으며, 오히려 그 시선에 자신의 방식으로 저항하며 살았다. 사람들은 누구나 어른이 되고 철이 들면 평범하게 살아간다. 적당한 때에 결혼을 하고 부모가 되면서 청춘과 이별을 한다. 하지만 그때도 린은 여전히 또렷한 자기의 색깔을 빛낼 것만 같다.

방학을 맞이해 만난 우리는 린이 모는 차를 타고 빠르게 달렸다.

나는 휴대폰을 만지작거리며 물었다. "운전면허는 언제 딴 거야? 네가 운전하는 건 처음 보는데?"

"지난주에 땄어."

"뭐…… 뭐라고? 그, 그럼 이 차는 언제부터 운전한 건데?" 나는 휴대폰을 덮고 자세를 고쳐 앉으며 다시 물었다.

"나흘 전이던가…… 까먹었어."

그녀의 말을 들은 난 식은땀이 줄줄 흘렀다. 속도를 높이는 린의 차 양옆으로 스쳐 지나가는 다른 차들과 사람들을 보고 있으니 절로 간담이 서늘해졌다.

린은 태연하게 말했다. "처음부터 잘하는 사람이 어디 있겠어? 괜찮아, 사람만 안 치면 된다고. 차랑 부딪치면 수리하면 그만이고."

그게 바로 린이다.

그날 저녁 린은 나를 27층 건물의 옥상으로 데려갔다. 26층부터 사다리로 올라가야 했는데 고소공포증이 있는 나는 사다리를 오르는 게 너무 무서워 주저하고 있었다.

그녀가 말했다. "괜찮아, 가자. 올라가면 대단한 풍경을 볼수 있어. 짧은 인생인데 아름다운 풍경이라도 실컷 봐야지."

그녀는 가방을 내게 던지고 성큼성큼 사다리 위로 올라갔다.

사실 그녀도 겁이 없는 사람은 아니다. 막상 옥상에 올라가고서는 발을 떼는 게 무서워 찔끔 눈물을 흘렸을지도 모른다. 하지만 린은 그런 두려움보다 중요한 게 있다는 걸 안다. 그녀는 어떻게 해야 눈앞에 놓인 삶을 헤쳐 나갈 수 있을지 잘 알고 있다.

친구 M은 그녀가 단순해서 좋다고 말했다. M은 자신이 못하는 일을 다른 사람이 잘하는 걸 보면 진심으로 행복해 할 줄 아는 친구다. 온종일 책과 시험지에 파묻혀 다크써클을 눈 밑에 달고 사는 평범한 여학생 M은 가끔 고개를 들어 린을 보면 그녀의 눈부신 청춘이 부럽고 볼 때마다 기분이 좋아진다고 했다.

"그녀는 저렇게 열정적이고 자유롭게 사는데 나는 그럴 용기가 없어. 넌 모를 거야. 나처럼 어릴 때부터 얌전한 아이로 자란 여자들이 얼마나 린 같은 여자를 부러워하는지 말이야. 사람은 누구나 변하고 어른이 돼. 언젠가 그녀도 평범한 주부가 되겠지. 하지만 나는 그녀의 자유롭고 찬란했던 시절을 영원히 잊지 못할 거야." 그렇게 말하는 M의 눈빛은 평소와 많이 달랐다.

그날 밤늦게 나는 오랜만에 M의 블로그를 둘러보았다.

그리고 우연히 몇 년 전 그녀가 쓴 일기를 보았다. 제목은 '여학생 L'이었다.

처음 L을 안 것은 친구의 말을 통해서다. 친구는 L에게 불만이 많았다. 당시 나랑 같이 다니던 무리에서 L은 그다지 평판이 좋지 못했다. 그래서 나는 L이 아주 건방지고 제멋대로일 거라고 생각했다.

그러던 어느 날, 우연히 L을 봤는데 그녀는 내가 상상했던 대로 눈은 옆으로 찢어졌고, 뾰족한 턱에 피부는 하얗고 황갈색 머리카락은 꼬불거렸다. 그녀는 분명히 거만하고 고집불통에 안하무인으로 행동했다. 이런 사람들은 보통 이기적이고, 충동적이며, 참을성이 부족하고, 양보할 줄도 모른다.

하지만 나는 시간이 흐를수록 L의 용기 있고 솔직한 모습을 보게 되었다. 적어도 내 눈에 그녀는 진심으로 자신의 삶에 최선을 다하며 살고 있었다. 그런 L의 인생은 누구보다 아름다워 보였다.

사람은 누구도 타인에 대해 다 알 수 없다. L에 대해 다 말하기에는 나도 기껏해야 친구의 친구에 불과하다. 하지만 나는 L이

진정 자유로운 삶을 살고 있다는 생각이 들었다. 그녀는 꽤 괜찮은 여자다. 몇 년 뒤 다시 L을 만난다면 그녀가 먹고 사는 일에 찌든 삶을 살고 있지 않길 바란다.

지금처럼 계속 멋진 삶을 살았으면 좋겠다.

일기에 나온 L이 린을 가리키는 건지 아닌지는 알 수 없다. 물론 M에게 물어보지도 않을 것이다. 그러나 일기를 읽고 나서 내 마음은 알 수 없는 뿌듯함으로 가득 찼다.

온전한 자신의 빛깔로 타인에게 사랑받는다는 것, 그것은 내 모습을 잃어버린 채로 이룬 성공보다 몇 배는 값지다.

터미널은 어쩌면
청춘과 많이 닮았다

어쩌면 터미널을 오가는 사람들은 세상에서 가장 행복한 사람들이다. 이곳에 있으면 누구든 자신의 목적지와 가까워 질 수 있기 때문이다.

고속철 터미널은 여행객들로 인산인해를 이루었다.

이렇게 많은 열차가 일제히 연착되는 건 처음 보았다. 시간표를 보니 열차가 연착되었다는 "DELAYED" 표시가 눈에 들어왔다. 바닥은 짐에 기대어 앉은 사람들로 가득했다. 대부분 컵라면이나 패스트푸드를 먹으며 기다리는데, 급한 성질을 이기지 못하고 개찰구 직원과 말씨름을 하는 이들도 있었다. 선전 시深圳市에 폭우가 쏟아져 항공편이 모두 취소되는 바람에 이런 사달이 난 것이다. 계속되는 연착 소식에 화가 난 사람들은 큰 소리로 욕을 하며 기물을 부수기도 했다. 흡사 감옥에서 탈출한 사람들 같았다. 터미널 조명은 밝았고 대합실 안은 소란스러웠다. 언제 올지 모르는 열차를 기다리는 사람들 얼굴에는 짜증이 가득했다.

나는 바닥에 널브러진 크고 작은 짐들을 피해 트렁크를 끌고 지나가며 동생이 잘 따라 오고 있는지 수시로 돌아보았다.

하루 종일 이어진 회의 탓에 기진맥진한 상태였는데 집으로 돌아가는 길마저 이렇게 험난할 줄은 꿈에도 몰랐다.

오늘 이른 새벽부터 열차를 타고 올라와 베이징에서 회의에 참석했다. 나는 내 브랜드 일을 진행하고 있는 파트너와 아침부터 하반기 사업계획에 대해 논의하고 오후 내내 이리저리 끌려 다녔다. 저녁에는 신간 기획회의에 참석해 숨 돌릴 틈도 없이 커피를 마시며 열심히 관련 서적을 읽어야 했다.

터미널에서 나와 비슷한 또래의 유럽 배낭족 연인이 눈에 들어왔다. 두 사람은 땅바닥에 앉는 것이 익숙하지 않은지 그냥 서서 열차를 기다리고 있었다.

나는 다시 전광판을 쳐다봤지만 "DELAYED" 표시는 여전히 거기 있었다.

"형, 나 배고파. 얼마나 더 기다려야 될까?"

동생은 휴대폰을 손에 쥔 채 말했다. 마치 열차의 연착 소식을 처음 들은 듯 놀란 얼굴이었다. 하지만 이상하게도 무력하게 의지하는 동생이 있을 때 나는 더 힘을 낸다.

몇 분 뒤, 나는 식당을 찾아 동생과 끼니를 해결하기로 했다. 휴대폰 배터리는 다 떨어지고 책이 가득 든 가방은 점점 어깨를 짓눌렀다. 나는 문득, '오늘 도대체 왜 이런 일이 일어난 걸까?', '나는 왜 이렇게 사는 걸까?' 싶었다.

매일 SNS를 통해 여행을 갔다거나 열 시간도 넘게 잠을 잤다는 친구들의 일상을 접한다. 그러나 나는 언제나 새벽 두세 시까지 힘들게 글을 쓰고도 몇 시간 못 자고 일어나 친구들의 SNS에 가장 먼저 '좋아요'를 누르며 보람을 느낀다.

나는 빠듯한 하루를 보내며 남들보다 더 노력해야 직성이 풀리고, 아무것도 하지 않는 것이 더 힘들다. 나는 '인생은 고통이다'라는 말이 맞다고 생각한다. 그래서 그런지 차라리 바쁘고 몸이 힘든 것은 잘 견딘다.

스무 살은 그런 내게도 아주 난감한 나이였다. 스스로 어린애가 아니라고 생각하지만 큰일 앞에서는 여전히 어린애같이 구는 나이가 바로 스무 살이다. 젊음은 실패를 두려워하지 않는 것이라고 외치면서도, 막상 노력해도 결과가 나쁘면 겁을 먹는다. 화려한 사람을 동경하며 그렇게 되려고 계획도 세워보지만, 실천은 쉽지 않다는 사실을 깨닫는다. 그때 나 또한 언제나 잡히지 않는 환상을 쫓느라 혹은 결단을 내리지 못해 망설였다. 인내와 열심만으로 해결되지 않는 과제들 앞에서 나는 좌절하고 낙담했다.

내 눈은 나에게 집중하기보다 늘 밖을 향해 있었다. 돌이켜보면 그것이 문제였던 것 같다. 스물이라는 젊은 나이는 어쩌면 온전히 내 자신에게 집중할 수 있고, 그래서 가장 좋은 시기가 아닐까 한다. 내가 좋아하는 것, 싫어하는 것, 남과 비교할 수 없는 내 안의 가치, 내게 무엇이 가장 소중한지, 내가 무엇을 위해 살아야 할지, 어떤 태도로 남은 인생을 맞이할 것인지, 그런 것을 생각하고 만들어 가야 하지 않을까?

좋은 나이라지만 스무 살에는 아무것도 확실한 것이 없기에 불안과 걱정이 늘 우리 주변에 서성인다. 하지만 그런 감정을 날려 버리기 위해 가장 필요한 일은 그 무엇도 아닌 나 자신에게 집중하는 것, 그리고 작은 것이라 하더라도 직접 실천해 보는 것뿐이다. 내 인생의 스승님은 항상 이렇게 말했다. "아무리 평범한 사람이라도 찬란한 청춘의 시기에 놓여 있다면 지독한 갈증과 투지로 불타올라야 해."

뻔한 말이지만 나는 이 말이 좋다.

나는 대학교 2학년 때 총 예산이 30만 위안이 넘는 대규모 연례행사 준비를 맡은 적이 있다. 그런데 모든 준비가 착착 이루어지고 있던 와중에 뜻밖의 일이 터지고 말았다.

행사가 시작되기 보름 전, 스폰서가 한마디 상의도 없이 예산으로 잡혔던 20만 위안을 빼 버린 것이다. 그러자 자금 부족으로 행사들이 취소되거나 보류되었다. 무대미술, 귀빈초대, 음향 등 모든 것이 일단 정지되었고, 나는 내 손 안에서 행사 준비가 엉망이 되어가는 모습을 지켜 볼 수밖에 없었다.

처음에는 스폰서에게 계약서 조항상 지금 후원을 취소할 수 없다며 책임을 이행하라고 압박도 해 봤지만 소용없었다. 결국 나는 지푸라기라도 붙잡는 심정으로 그들에게 매달렸다. 하지만 그들의 대답은 늘 같았다. "대단히 죄송하지만, 방법이 없습니다."

행사가 시작되기 13일 전, 무대장치 회사에서는 선불금을 다 받지 못했다는 이유로 우리와의 계약을 파기했다. 나는 며칠만 시간을 달라고 애원했지만 소용없었다. 모든 기대가 절망으로 바뀌기 시작했다.

행사가 시작되기 열흘 전, 이번에는 개막식에 참석하기로 했던 귀빈들이 일정을 변경했다. 아직 참석을 취소한 건 아니었지만 오지 못할 게 뻔했다. 난 참을 수 없이 화가 났고, 나 자신이 쓸모없는 인간처럼 느껴졌다.

그동안 일어난 모든 일을 믿을 수가 없었다. 모두가 기대하는 성대한 축제이자 나의 자랑이었던 행사가 눈앞에서 웃음거리로 전락하는 모습을 지켜보는 건 매우 고통스러웠다. 돈이 있다면 자비를 들여서라도 문제를 해결하고 싶었다.

아무리 기다려도 좋은 소식은 들려오지 않았다. 나날이 늘어나는 스트레스로 나는 급격히 말라 갔다. 나는 머리카락이 덥수룩해져도 자르지 않았고 지저분해 보이는 수염도 정리하지 않았다. 꿈을 자주 꿨는데 나는 항상 끝이 보이지 않는 길 위에서 사방을 두리번거렸다. 뒤에는 황량한 폐허가 펼쳐졌고 앞에는 빛이 보이지 않는 터널이 보였는데, 갑자기 주변이 자욱해지더니 질식할 것 같은 황사바람이 불어왔다.

'안 돼. 포기하지 마. 지금 네 무능을 인정한다고 뭐가 달라지지?'

꿈속에서 나는 수십 번이고 외쳤다.

물론 포기하고 싶은 생각도 들었지만, 그보다는 새로운 스폰서를 찾아 행사를 무사히 치러야겠다는 생각이 훨씬 강했다. 나는 말 그대로 발악을 하며 스폰서를 찾았다. 베이징의 골목을 헤매며 몇 번이나 길을 잃기도 했다. 당시 나는 무대장치를 제공해 줄 회사를 찾기 위해 구불구불한 옛골목을 일곱, 여덟 바퀴나 돌고 나서야 한 할아버지의 도움으로 꼭꼭 숨어 있던 스튜디오를 찾아냈다.

스튜디오로 들어가 각종 전문장비들을 보자 어두웠던 마음이 환해지는 것 같았다. 나는 사장을 보자마자 고개 숙여 인사하며 명함을 드리고는 간절한 눈빛으로 학교 행사를 위해 무대장치를 협찬해 달라고 부탁했다. 내 사정을 들은 사장은 내부회의가 필요하다고 말하며 우리 예산의 상한선을 알려 달라고 했다. 그날 나는 오랜 시간 초조한 마음으로 회의가 끝나기만을 기다렸다. 그리고 얼마간의 시간이 지났을까, 한 직원이 서류를 가져다주었는데 무대장치 목록과 대여비가 쓰여 있었다. 생각보다 높은 대여비를 보며 낙담하고 있는데 직원은 뜻밖에도 사장이 모든 장비를 무료로 빌려주라고 했다고 전했다.

나는 서류를 손에 꽉 쥔 채 어떻게 골목을 빠져나왔는지도 모르게 집으로 돌아왔다.

예전에 나는 무척 감성적이었고 뭐든 잘 믿었기에 사람들이 다 나를 선의로 대한다고 생각했다. 그리고 "학생들끼리 행사를 개최하는 게 쉬운 일이 아니지. 내가 반드시 도와주겠네"라고 말하면 큰 감동을 받았다. 하지만 일련의 일들을 겪으며 나는 이제까지 내가 모든 것을 너무 단순하게 생각했다는 걸 깨달았다. 세상에는 나 대신 인생을 책임져 줄 사람은 물론이고, 아무 이유 없이 나를 도와줄 사람도 없다. 따라서 동쪽에서 귀인이 나타나 나를 도와줄지도 모른다는 헛된 망상에 빠져 있다면 당장 깨어나는 게 좋다.

그 며칠간 나는 스폰서를 찾아다니느라 지하철 두 시간에 버스도 30분 타고 다시 10여 분을 걸어야 했다. 겨우 회사 로비에 도착하면 시원한 물을 사서 벌컥벌컥 마셨다.

영화에서 악당은 언제나 영웅이 큰 힘을 발휘할 수 있도록 자극한다. 인생이라는 어려운 게임에서도 시련이라는 자극이 용기를 키운다. 고집스럽게 매달린 나는 두 개의 스폰서를 끌어오는 데 성공했다. 그리고 둘 중에 더 많은 후원을 약속한 스폰서를 골라 협찬을 받았고 최대한 빠르게 새로운 무대장치를 설치했다.

그때가 행사가 시작되기 바로 나흘 전이었다.

학교 행사가 끝나자 피로가 밀려왔지만, 무엇보다 큰 해방감을 느꼈다. 그 일에 너무 몰입한 나머지 오랫동안 먹는 즐거움조차 잊고 살았다. 그리고 시간이 흐르고 나자 나는 그때의 경험에 감사하게 되었다.

지금 생각하면 시련이라고 하기에도 쑥스러운 경험이지만 그때의 나에게는 무엇보다 중요했다. 행사가 좌절될 위기에

처하자 나는 할 수 있는 힘을 다해 부딪쳤다. 운 좋게도 행사를 무사히 치를 수 있었고 그 결과 나는 어떤 일이라도 포기하지 않고 노력하면 인생에는 반드시 해법이 있다고 믿게 되었다. 이런 태도와 믿음이 남들과 비교할 수 없는 나만의 가치라고 생각한다. 스스로가 놀랄 만큼 어떤 일에 매달려 보는 것, 결과에 연연하지 않고 끝까지 한번 해 보는 것, 그런 시간이 청춘을 만든다.

게다가 우리에겐 그 모든 일을 겪고도 아직 시간이 충분하다. 그래서 청춘은 아름답다.

"친애하는 승객 여러분 안녕하세요. 베이징에서 출발하는 열차가……"

드디어 개찰구가 열리자 안도한 승객들의 눈빛이 반짝거렸다. 그들은 전 세계를 포용할 수 있을 것 같은 미소를 지었다.

어쩌면 터미널을 오가는 사람들은 세상에서 가장 행복한 사람들이다. 이곳에 있으면 누구든 자신의 목적지와 가까워 질 수 있기 때문이다. 도중에 내리지만 않는다면 말이다.

열차는 늦어도 달리기 시작하면 내가 원하는 목적지를 향해 질주한다.

터미널은 어쩌면 청춘과 많이 닮았다.

그것을 입에 담는 것조차
사치가 된다 해도

우리는 언제나 꿈을 꾼다. 그리고 점점 덜 막연하고 더 구체적인 꿈을 꾸기 시작한다. 그렇게 꿈은 현실이 된다.

스무 살 때 또래 친구들은 이미 미래에 한발짝 다가가고 있었다. 대학에 남아 계속 공부를 하는 친구도 있고, 일찍 사회로 나가서 돈을 벌거나 영어 공부를 해서 해외로 나가는 친구도 있었다.

나는 그들을 볼 때마다 막막한 기분이 들었다.

나는 뭘 해야 할까? 내 꿈은 뭐지? 매일 온갖 의문이 머릿속을 스쳤다. 그래도 이렇다 할 해답은 찾지 못했다.

그러던 어느 날 어릴 때 함께 어울리던 친구들과 만나 예전에 자주 가던 훠궈집을 찾았다.

우리는 늘 그렇듯이 거품 가득한 맥주를 시켰지만 대화 내용은 예전과 많이 달라져 있었다. 추억이나 잡담 대신 지금의 일과 미래가 화제였다.

한 친구는 일찍 취직해 원하던 일을 하게 되었다. 하지만 막상 행복하지 않다고 했다.

"이건 내가 상상했던 것과 완전히 달라." 그는 일에서도 흑과 백처럼 좋고 나쁨을 명확히 구분할 수 있을 거라고 생각했지만 사회는 온통 회색 투성이라고 말했다. 또한 학교에서는 참 명제와 거짓 명제를 구분하는 법을 가르쳐 주지만 현실에는 모두 거짓 명제밖에 없다고도 했다. 그는 술을 마시며 흥분된 목소리로 말했다. "하지만 난 곧 벗어날 거야. 이직하기로 했거든." 그는 큰 소리로 웃었지만 눈빛에서 쓸쓸함이 묻어났다.

또 다른 친구는 나와 같이 미디어를 전공한 동기로, 신문사에 실습을 나갈 예정이었다. "나는 반드시 방송인으로 성공할 거야." 그는 열정에 찬 눈빛으로 내게 물었다. "너는 어때?"

"나? 나야 뭐. 우리 우선 건배나 하자!" 나는 그의 질문을 어물쩍 넘기고 큰 소리로 건배를 외치며 맥주를 들이켰다. 휘귀 냄비에서 올라온 수증기로 실내가 후덥지근해지자 귓가의 웃음소리가 점점 멀어지면서 내 머릿속에는 한 가지 물음만이 맴돌았다. 나의 미래는 어떻게 될까?

10여 년 전만 해도 나는 경찰이 되어 멋진 제복을 입고 싶다고 말했을 것이다. 내 이름만 들어도 범죄자들을 벌벌 떨게 만드는 위풍당당한 경찰이 되고 싶었다.

하지만 커 가며 몸이 점점 둔해지면서 체육 시간에 망신을 당하는 일이 많아졌고 경찰이 되고 싶은 마음도 줄어들었다. 범죄자가 나보다 빨리 달아나는데 내가 어떻게 훌륭한 경찰이 될 수 있겠나? 나는 좀 더 실현 가능한 꿈을 꾸기로 했다. 바로 가수가 되는 것이다! 린쥔졔林俊傑 같은 스타가 돼서 수만 명의 팬들을 매료시키고 싶었다.

그러나 변성기가 지나도 난 여전히 목소리가 좋아지지 않았고 노래를 잘 부르지도 못했다. 그렇다면 선생님이 되는 것도 괜찮겠다 싶었다. 공부는 내가 가장 잘하는 것이기도 했다.

그런데 고등학교에 입학해 보니 선생님들은 우리보다 훨씬 피곤하게 살고 있었다. 수업 시간에는 열정적으로 학생을 가르치고, 수업을 하지 않는 시간에는 수업 준비를 하거나 학생들의 자습을 감독해야 했다. 그리고 학생들 기분이 안 좋아 보이면 더 신경 써서 돌봐야 했다. 일에 치여 아파도 편하게 쉬지 못하는 선생님의 삶이 좋아 보이지 않았다. 차라리 경찰이 더 나아 보였다.

꿈이 바뀐 만큼 세월도 지나갔다. 지금 내게 뚜렷한 비전은 없지만 더 큰 꿈을 꾸기 위한 당장의 목표는 있다. 영국에 있는 대학으로 유학을 가는 것이다. 그러니 현재 하고 있는 공부를 안정적으로 마치는 것이 우선이다.

우리는 언제나 꿈을 꾼다. 그리고 점점 덜 막연하고 더 구체적인 꿈을 꾸기 시작한다. 그렇게 꿈은 현실이 된다.

친구들을 만날 때마다 나는 베이징에서 만났던 사람들과 겪은 일을 이야기해 준다. 훠궈의 국물이 끓어오르자 친구들은 시원한 맥주를 들이키면서 내 이야기에 귀를 기울였다.

"베이징대학은 저녁만 되면 아주 조용해져. 기숙사에서 10여 미터 떨어진 곳에서도 세면실 물소리가 들릴 정도지. 집에서라면 절대 들을 수 없었을 거야. 기숙사에서 학생들은 야식을 먹거나 낮에 따라가지 못한 여학생 이야기를 하며 웃기도 해. 매일 쾅 하고 문이 잠기는 소리가 나면 자기 방으로 돌아가 이어폰을 끼고 노래를 듣거나 숙제를 하기도 하고 인터넷을 할 때도 있어. 물론 간섭하는 사람은 아무도 없지."

나는 젓가락을 들고 음식을 먹으면서도 말을 멈추지 않았다.

"베이징은 가는 곳마다 다른 야경을 볼 수 있어. 국제무역센터 71층 창문에서 알록달록한 도시의 불빛을 본 적이 있는데, 오래 살아도 여전히 낯설게만 느껴졌던 베이징의 모습에 전율이 일었어. 차량 행렬은 끊임없이 이어졌고 도시는 휘황찬란한 불빛으로 반짝였지."

나는 맥주를 한 모금 마시면서 계속 말했다. "베이징의 밤은 언제나 정신없어. 한번은 큰 행사에 참여한 적이 있었는데 기획을 담당하는 누나를 보니 눈코 뜰 새 없이 바쁜 데다 스트레스가 장난이 아니더라고. 쫑파티 때 술을 진탕 마시고 의자에 올라가 노래를 불렀는데 얼마나 웃기던지 사람들 배꼽이 다 빠지는 줄 알았다니까. 그런데 사장님이 계산을 하려는데 누나가 바닥에 주저앉아 대성통곡을 하기 시작하는 거야. 누나는 대학을 졸업하자마자 그 회사에 입사했는데 그때 처음으로 중요한 행사를 맡은 거라고 하더라고. 나중에는 아예 바닥에 드러누워 버렸어. 그리고 내 소매를 꼭 잡고 울면서 이렇게 말했어. '나 지금 너무 기분이 좋아. 내가 우는 것도 너무 기분이 좋아서야. 알겠어?' 여자가 그렇게 술을 많이 마신 모습은 처음 봤는데 짠한 마음이 들더라. 베이징에는 그 누나와 같은 사람이 아주 많아. 엄청난 스트레스를 받는데도 쥐꼬리만 한 월급을 받고 웃는 얼굴로 일해야 하는 사람들 말이야. 술자리를 마치고 사람들이 같이 노래방에 가자고 하는 걸 뿌리치고 나는 집으로 돌아왔어. 그때 누나는 내 팔을 잡고 나랑 함께 있는 게 아주 편하다며 가지 말라고 했어. 사실 우린 그날 처음 본 사이였는데 말이야."

이야기를 한참 듣던 친구는 담배를 찾았다. 학교를 졸업하고 바로 취업한 그는 직장 동료들과의 관계 유지를 위해 담배를 배웠다. 그는 왼쪽 주머니에서 훙허 담배를 꺼내 삐딱하게 한번 쳐다보고는 다시 주머니 속으로 집어넣었다. 그러곤 오른쪽 주머니에서 훙허보다 훨씬 저렴한 위시를 꺼내 불을 붙여 길게 빨았다.

"KTV에 강의를 하러 간 적도 있어. 그 프로그램에서 가수 차이이린蔡依林이 〈내 미래는 꿈이 아냐我的未来不是梦〉를 불렀는데 그 기획자 누나도 자리에 있었거든. 노래가 마음에 들었는지 계속 박수를 쳤어. 그런데 그게 차이이린에게 보내는 환호의 박수인지, 자기 자신에게 보내는 위로의 박수인지 잘 모르겠어. 누나의 얼굴빛이 조명 아래서 여러 번 바뀌는 걸 보았거든. 베이징은 화려하면서도 쓸쓸한 곳인 것 같아."

나는 남은 맥주를 다 마시고 말을 이었다. "베이징에서는 택시를 타면 차에 길이 막히고 지하철을 타면 사람들이 앞을 막

아. 지하철은 마치 복잡한 시장 같아. 다른 점이라면, 지하철 사람들은 바쁜 출퇴근 시간에도 다른 사람들과 일정한 거리를 유지하려 애쓴다는 거야. 난 정말 지하철이 싫어. 한번은 지하철을 타고 이어폰으로 노래를 들으며 서 있었는데, 내 앞에 주황색 치마를 입은 여자가 보였지. 밤 10시가 다 되도록 야근을 하고 집으로 돌아가는 길 같았어. 한 손으로는 가방을 들고 다른 손으로는 서류더미를 안고 있었는데 바닥에 새로 산 식용유가 놓여 있었지. 피곤에 절어 연신 하품을 하는 여자를 보며 난 10년 뒤에 절대 저렇게 살지 않겠다고 다짐했어."

여기까지 말한 나는 새로운 맥주병을 들었다. "우리 10년 뒤의 미래를 위해 건배하자."

친구들은 큰 소리로 웃었다.

그날 우리는 함께 울고 웃으며 많은 술을 마셨고, 나중에는 무슨 말을 했는지조차 다 까먹어 버렸다. 사람은 언제나 이렇다. 힘들고 고통스러워도 한바탕 취하고 푹 잘 때면 모든 번뇌를 잊을 수 있다. 하지만 다시 깨어나면 문제는 여전히 그곳에 있고 해결된 것은 하나도 없다는 사실을 발견하게 된다.

나는 가끔 내가 어떤 시대에 살고 있는지 생각한다. 우리는 매일 바쁘게 나아가고 조금 더 빨리 뭔가를 이루기 위해 온갖 수단을 동원한다. 하지만 그러는 사이 예전에 간직했던 꿈을 잊어버린다. 그래서 꿈이 무엇이냐는 질문을 받으면 입을 다문다. 마치 거리에 사람이 너무 많아서 자신이 가고 있는 목적지를 잊어버리는 것처럼. 그래서 마음속 얘기를 실컷 할 수 있는 편안한 모임이 좋다. 누가 무슨 말을 해도 비웃지 않고 서로를 인정해 주는 모임 말이다. 그런 자리에서는 잊어버릴 것 같던 꿈도 다시 떠오른다.

이튿날, 잠에서 깨어나니 이미 점심때였다. 흐리멍덩한 정신으로 휴대폰을 열어 SNS를 확인해 보니 내가 어제 모임에서 지껄이는 영상을 누가 올려놓았다. 나도 왜 그런 바보 같은 말들을 했는지 이해가 안 되지만 덕분에 오랫동안 웃을 수 있었다.

영화감독 주바다오九把刀는 말했다. "꿈을 영원히 이룰 수 없을 것 같을지라도, 그것을 입에 담는 것만으로도 사치가 된다 해도, 자신에게 따뜻한 말을 해줄 수 있어야 합니다. 거기서 앞으로 나아갈 원동력을 얻을 수 있습니다."

맞는 말이다. 꿈이라는 말이 언제부터인가 우리에게 사치가 되어 버렸다. 화려한 도시에 짓눌려 우리는 하루하루 버텨내기도 버겁다. 하지만 10년 뒤에도 똑같은 삶을 산다면 그건 더 끔찍할 것이다.

그러니 힘을 내자. 누구도 포기해서는 안 된다.

내 두 발을
딛는 힘

평생 모든 것을 다 시도해 볼 필요는 없어. 하지만 시도해 본 것은 반드시 뭔가를 남기게 되어 있지.

내 첫 사업은 작은 결심으로부터 시작되었다.

고등학교를 막 졸업한 나는 아직 어린 티를 벗지 못한 애송이에 불과했다. 하지만 수능시험을 보기 전에 시험만 끝나면 직접 돈을 벌어 대학 등록금을 내겠다고 결심했었다. 나는 수능이 끝나자마자 친한 친구들과 책 판매 일을 시작했다. 도매상과 연락해 최저가로 수업에 필요한 책을 구입한 뒤 학교에서 구매자를 찾아 예약판매를 한 것이다. 예정대로 진행된다면 우린 한 학기 대학 등록금을 벌 수 있었다.

그런데 며칠 뒤 우리는 청천벽력 같은 소식을 들었다. 학교가 교재를 공동구매해서 우리보다 훨씬 싼 가격으로 책을 공급해 준다는 것이다. 우리에게 책을 주문했던 학생들이 대거 취소하는 사태가 벌어졌다. 나는 직접 각 학급 반장과 학년 주임 선생님을 만나 사정 얘기를 하고 온 학교를 신발이 닳도록 뛰어다니고서야 겨우 손해를 보지 않을 정도의 수습을 할 수 있었다. 이렇게 내 첫 사업은 실패로 끝났다.

나는 인연을 믿는 사람이며 그것을 아주 중요하게 생각한다. 차가운 성격을 가졌다는 말을 종종 듣는 나는 친구들을 쉽게 사귀는 편이 아니지만 인연을 맺게 되는 사람들은 소중히 여긴다. 나와 함께 내 브랜드를 창시한 마르코스는 대학에서 알게 된 친구다. 그는 홍콩에서 석사학위를 따고 취업을 했다가 다시 회사를 나와 대만에서 경영학 박사학위를 취득했다. 다양한 분야의 경험이 부족한 내게 마르코스는 많은 도움을 줄 수 있는 인재였다. 파트너가 된 뒤로 나는 항상 그에게 의견을 물었다. 그는 타오바오도 모르는 내게 전자상거래가 무엇인지부터 알려 주었다. 이런 인연이 하나하나 모여 내가 해보고 싶었던 사업을 구체화하고 빛을 볼 수 있었다.

처음 본격적으로 사업을 구상하고 얼마 지나지 않아 나는 정식으로 화장품 브랜드를 낼 수 있게 되었다. 단지 광고 모델이었던 내가 사장이 되다니 꿈만 같았다. 주식이 뭔지도 잘 모르던 내가 갑자기 내 지분을 갖게 되었다. 난생 처음으로 주주가 된 날, 나는 부모님에게 식사 대접을 했다.

이후 고등학생들이 수능시험을 막 끝냈을 무렵 나는 휴가 행사로 우리 브랜드의 화장품을 최저가로 판매하기 시작했다. 행사는 며칠이나 이어졌는데 반응이 너무 없어서 나는 웨이보를 적극적으로 활용했다. 하지만 행사가 끝나고 결과를 확인한 나는 참담함에 고개를 들 수 없었다. 나는 사실을 객관적으로 받아들이려고 노력했지만 쉽지 않았다. 나는 내가 아무리 나를 믿고 애를 써도 행운이 늘 함께하지는 않는다는 사실을 깨달았다. 이렇게 내 두 번째 사업도 실패하는 것 같았다. 하지만 이번에는 이대로 포기할 생각은 없었다.

행사가 실패로 끝나고 나서 8월 중순에는 가족들과 바다에 놀러가 기분 전환을 했다. 바다를 보면 가슴이 탁 트이는 기분이 들어서 좋았다. 하지만 바지를 접어 올리고 조리를 끌며 한가롭게 백사장을 걷는 것도 잠시, 브랜드 관련 행사 때문에 오후 내내 백사장 의자에 앉아 업무를 봐야 했다.

"왜 그렇게 미친 듯이 일하는 거야?" 전화기 너머에서 업무를 조율하던 동료가 물었다. 나는 늘 이렇게 일했다. 무엇이든 수없이 시뮬레이션해 봐야 직성이 풀린다. 몇 배의 노력을 기울여야 하지만 나는 그게 편하다.

며칠 전, 베이징대학에 갓 입학한 후배가 대학에서 가장 신경 써야 하는 게 뭐냐고 물었다. 나는 이렇게 대답했다. "대학에는 기회도 많지만 유혹도 많아. 하지만 유혹을 떨쳐 내고 더 중요한 걸 선택할 줄 안다면 원하는 꿈을 이룰 수 있을 거야. 물론 최선의 노력은 당연한 거고. 평생 모든 것을 다 시도해 볼 필요는 없지만 시도했다면 반드시 뭔가를 남기게 되어 있지."

브랜드를 새롭게 띄우기 위해 계획을 세우다 보니 당초 예상과는 달리 오히려 사업을 확장하게 되었다. 걱정되기도 했지만 일단 시작하게 되자 밀고 나갔다. 나는 생각이 많고 한번 뱉은 말은 반드시 실천하고 마는 고집쟁이다. 그리고 모든 일에 가혹하리만큼 엄격한 편이다.

처음 계획을 세운 팀원 루루에게 나는 완벽주의자라고 얘기
했을 때 그녀는 자신만만하게 말했다. "문제없어요. 저도 아주
높은 기준을 세우는 편이거든요." 결국 최초의 계획은 10여 차
례나 수정된 뒤에야 공개되었고, 주변에서는 그녀에게 지독한
사장에게 제대로 걸렸다며 놀려 댔다. 나는 웃는 얼굴로 세세
한 것 하나까지 일일이 의견을 제시했다.

처음부터 신중에 신중을 기하며 작업했고, 특히 판매가를
둘러싼 논의는 신제품을 출시하기 직전까지 치열하게 진행되
었다. 나는 종종 이런 농담을 던졌다. "나는 무슨 일을 해도 사
람들이 질릴 때까지 파고드는 사람이야."

그때 일로 인한 스트레스는 엄청났다. 모든 신제품은 수십
개의 후보 중에서 엄격하게 선별되었고, 광고문구도 내가 한
글자 한 글자 신중히 작성한 것이라서 사람들의 반응이 나쁠
까 봐 무척 두려웠다. 사전 마케팅부터 판매, 포장과 물류배송
까지 이제까지 단순하게 생각했던 일들이 이렇게 복잡한 과정
을 통해 이루어지는 줄 처음 깨달았다.

이때 내 관심사는 돈을 얼마나 버느냐가 아니라 내가 노력
한 만큼 성과를 얻을 수 있는지였다. 그런 미숙하고 고집불통
인 나를 팀원들 모두가 열심히 따르고 성심성의껏 일해 주어
오히려 나 자신이 부끄러워질 정도였다. 그런 노력 끝에 서서
히 성과가 드러나기 시작했고 나는 무엇이든 쉽게 포기해서는

안 된다는 신념이 굳어졌다.

며칠 전, 베이징대학 신입생들의 첫학기가 시작되었다. 나는 사회학과에서 교수님 옆에 앉아 새내기들의 등록수속을 도와주었다. 점심시간이 되어 등록하는 학생이 줄어들자 교수님과 자연스럽게 대화를 주고받게 되었다.

"자네가 화장품 브랜드를 만들었다는 얘기가 있던데 사실인가? 정말 대단하군!" 나는 물을 마시다가 사레가 들려 말을 더듬었다.

"마…… 맞습니다. 교수님." 교수님이 어떻게 그 일을 아는지 궁금하면서도 한편으론 뭐라고 대답해야 할지 난감해 이대화를 어떻게든 빨리 끝내고 싶었다.

나는 고개를 숙인 채 쌓여 있는 서류를 정리한 뒤 계속 물을 마셨다. 하지만 교수님은 내 그런 기색은 아랑곳하지 않고 말을 이어갔다.

"왜 그 일을 하게 되었지?"

나는 좀 망설이다가 대답했다. "아, 그건…… 부모님의 부담을 덜어드리고 싶어서요." 교수님은 고개를 끄덕이며 웃더니 더는 질문하지 않았다.

저녁에 기숙사로 돌아오는 길에 나는 내가 한 대답을 곰곰이 생각해 보았다. 사람들 눈에는 우리 집 형편이 꽤 괜찮아

보이고 내가 좋은 환경에서 자랐다고 생각할 수도 있다. 그러니 부모님의 부담을 덜어드리고 싶다는 따위의 말을 할 필요는 없었다. 하지만 나는 평범한 가정의 장남이고 그 사실을 숨길 이유도 없다.

나는 어릴 때부터 빨리 어른이 되어 부모님에게 도움이 되고 싶다고 생각했다. 실제로 대학교 1학년 2학기 때부터 나는 내 학비와 생활비를 책임졌다. 아, 그리고 하는 김에 동생의 것까지. 하지만 그래도 부모님의 경제적인 부담은 여전히 컸을 것이다. 나와 동생의 유학비와 귀국 후 베이징에 정착하는 데 필요한 비용은 부모님이 눈코 뜰 새 없이 일해야 감당할 수 있는 것이다. 그러니 내가 일부라도 해결할 수 있다면 부모님의 부담을 조금이나마 덜어 줄 수 있을 거라고 생각했다.

나는 이렇게 가족은 물론 다른 사람에게도 도움이 되고 싶어하면서도 원래 나를 도울 수 있는 것은 자신밖에 없다고 생각했다. 그런데 사업을 하면서 생각이 바뀌었다. 내 브랜드가 공익사업을 시작하고 공익사업의 의의에 대해 공부하다 보니 사람은 누구나 서로에게 의지하며 살아간다는 사실을 깨달았다. 더 많은 사람을 도울 때 나는 결국 나를 돕고 있었다. 급박한 일정 속에서도 그 생각이 내 가슴을 따뜻하게 했다. 그래서 초조한 밤에도 편히 잠들 수 있었다.

이제는 많은 후배들이 말한다. "선배님, 정말 부러워요."

나는 내가 원하는 삶을 살아왔다고 생각한다. 대학에 입학하면 많은 사람들이 새로운 시도를 하고 많은 변화를 겪는다. 다행히 나는 그런 과정에서 행운이 따라 내가 원하는 내 모습에 더 가까워질 수 있었다.

처음 가졌던 꿈이 언제 정상 궤도에 오르게 될지 알 수 없어도, 오랜 노력이 언제 결실을 보게 될지 예측할 수 없어도, 그 과정을 통해 스스로 선택하고 책임지는 법을 배우는 것, 그것이 진정한 결실이다. 그런 자신을 지켜보면서 우리는 스스로를 믿게 된다. 나에 대한 믿음은 그냥 생겨 나는 것이 아니다. 내가 스스로 선택하고 그것을 끝까지 책임지는 행동 하나하나가 쌓여 내 자신에 대한 믿음이 생기는 것이다. 나에 대한 믿음, 그것이 위기의 순간에 나쁜 선택을 하지 않게 하고, 내가 원하는 삶을 포기하지 않게 한다. 나를 믿는다는 것은 옳은 방법으로도 성공할 수 있다고 믿는 것이다.

그날 저녁, 집으로 돌아오는 길에 보니 동료의 SNS 프로필이 수정되어 있었다. 거기에는 내가 엽서에 써 준 문장이 쓰여 있었다.

"너무 깊게 생각하지 마, 인생은 한 번뿐이야. 휘둘리지 말고 내가 원하는 삶을 살자."

너무 다른
내 동생

동생은 아무 이유 없이도 나를 즐겁게 만들어 줄 수 있는 존재다. 아무리 하늘이
흐려도 동생만 있다면 햇볕이 비춘다.

내게 동생은 보물 같은 존재다.

이 글을 읽을 때 동생은 분명히 활짝 웃고 있을 것이다.

형이란 마냥 귀여움 받기는 틀린 존재다. 어릴 때부터 부모님은 내게 더 엄했고, 동생과 싸우면 항상 내가 혼이 났다. 나는 형이기 때문에 집안일도 더 많이 하고 공부도 더 잘해야 하며, 부모님에게 효도하여 동생에게 좋은 본보기가 되어야 한다는 말을 들으며 자랐다. 동생은 전혀 사양하지 않고 부모님 말을 곧이곧대로 따랐다. 형의 일이므로 집안일에도 손끝 하나 대지 않았다. 어릴 때 똑같이 용돈을 받아도 나는 동생에게 다 양보했는데 동생은 땡전 한 푼 남기지 않고 흥청망청 써 댔다. 동생은 나보다 공부도 훨씬 잘했다.

동생은 종종 말한다. "누가 나보다 잘생기래?"

동생은 내가 자기보다 잘생겼으니 상대적으로 못생긴 자신이 멋있는 옷을 먼저 선택할 권리가 있다고 우겼다. 나는 동생이 마음에 들어 하는 옷과 똑같은 옷을 살 수 없었다. 동생이 영화를 보고 싶어 하면 간식을 들고 따라가야 했고, 노래를 부르고 싶어 하면 잠잘 시간에도 조용히 하라고 말해서는 안 됐다. 어차피 조용히 하라고 해 봤자 소용도 없지만.

그런데 나는 동생이 밉지 않았다. 동생과 함께 있으면 나는 평소보다 더 남자다워졌다. 동생도 말했다. 도움이 필요할 때면 형이 영웅처럼 나타났다고.

그런 말을 해 주는 걸 보니 정말 좋은 동생이다.

이런, 난 아직도 동생 손바닥 안에 있는 게 분명하다.

벌을 설 때도 동생의 익살스런 표정을 보면 나도 모르게 기분이 좋아졌다. 창피한 성적표를 받아 막 울음이 터질 것 같은 순간 동생이 통통한 손으로 내 손을 잡아 주면 거짓말처럼 눈물이 쏙 들어갔다. 최근 공부와 일을 병행하느라 곧 쓰러질 것처럼 피곤해도 활짝 웃는 동생의 얼굴을 보면 내 인생이 갑자기 환해지는 기분이 든다.

사실 어렸을 때부터 나는 키도 더 크고 공부도 더 잘하고 힘도 더 세져서 언제 어디서나 동생을 지켜 주고 싶었다. 하지만 그런 마음이 넘친 나머지 지금 생각해도 창피한 일을 저지르기도 했다.

그때 우리는 초등학생이었고 여름 방학을 맞이해 체육관에서 수영을 배우고 있었다. 동생은 수영을 잘 못해서 꾀를 부렸다. 선생님이 발판에서 점프를 시킬 때마다 내가 대신 뛰어내리게 한 것이다. 그래서 나는 매일 몇 번이고 물속으로 뛰어들었다. 나중에 누군가 선생님에게 우리의 비밀을 고자질하자 동생은 그 애들과 뒤엉켜 싸움을 벌였다.

그때 울며 달려오는 동생을 본 나는 너무 흥분한 나머지 선생님에게 고자질한 애를 붙들고 소리쳤다. "수영을 잘 못해서 그런 걸 가지고 선생님한테 일러바치다니 어떻게 그럴 수 있어?" 예전 같으면 그렇게 화만 내고 집으로 돌아갔을 텐데 그날은 동생이 내 앞에서 눈물을 흘리며 "형아, 나 너무 아파"라고 말하는 모습을 보고 말았다.

동생은 여기저기 뜯긴 흔적이 선명했고 목 뒤쪽에서 가느다란 핏줄기가 흘렀는데 소독약을 푼 풀장의 물이 닿기만 해도 아프다고 계속 울어 댔다.

나는 동생이 가르키는 녀석을 때려 주려고 하는데 동생은 그저 울면서 이렇게 말했다. "형아, 집에 가고 싶어."

일단 후퇴했지만 나는 벼르고 있다가 결국 동생을 때린 녀석을 찾아서 흠씬 두들겨 패 주었다. 그것이 내가 다른 사람과 싸운 최초의 기억이다. 그 후로 학교에 갈 때마다 동생은 의기양양한 표정으로 내 뒤를 졸졸 따라다녔다.

시간이 많이 흘렀는데도 그 일을 떠올릴 때마다 나는 내가 때렸던 친구에게 선물을 한다든지 뭔가 어려운 부탁을 들어주는 등 무슨 수를 써서라도 속죄하고 싶은 마음이 굴뚝같다.

쓸데없이 폭력을 휘두른 부끄러운 이야기이긴 하지만, 그때를 되돌아보면 내가 더 강해지고 싶고, 더 똑똑해지고 싶은 동기는 어릴 때부터 내 동생이 아니었나 하는 생각이 든다.

그렇다. 세상에 동생을 괴롭힐 수 있는 사람은 아무도 없다. 나만 빼고 말이다.

식사 시간에 동생이 소파에 누워 휴대폰을 만지작거리면 나는 그의 목을 졸라서 젓가락과 밥그릇을 손에 들도록 격려한다. 이때 동생이 억지로 버티면 나는 더 힘을 주어 압박한다.

나는 동생에게 늘 중요한 일에 신경 쓰지 않는다고 잔소리한다. 내가 회사를 창업할 때 동생은 전혀 관심을 보이지 않았다. 용돈이 떨어졌을 때만 나를 찾았고, 원고도 내킬 때만 조금씩 끼적일 뿐 평소에는 종일 늦잠을 자며 게으름을 피웠다.

엄마는 내게 늘 걱정이 너무 많다고 말한다. 사실은 나도 안다. 동생이 잘 못해서 그런 게 아니라, 내가 내려놓지 못해서 그런 것임을…….

동생은 항상 빈둥거리는 것처럼 보여도 행사를 준비해야 할 때면 직접 10여 명의 올림픽 챔피언을 초청하고, 눈 깜박할 사이에 그들과 둘도 없는 친구가 된다. 동생은 계획 없이 사는 것처럼 보여도 장학금을 두 번이나 탔고, 소리 소문 없이 학생회장에 당선되었다. 그리고 동생은 감사함을 모르는 양심 없는 녀석 같지만 사실은 작은 부분까지 세심하게 기억한다. 부모님 생일과 결혼기념일도 늘 동생이 내게 귀띔해 준다.

나는 동생에게 언제나 엄격하게 대했지만 동생은 한 번도 나를 원망하지 않았으며, 그저 웃을 뿐이었다. 내가 신랄하게 비난해도 웃었고, 허풍을 떨어도 웃었다. 동생의 그런 긍정적인 에너지가 어디에서 나오는지 잘 모르겠지만, 웃길 좋아하는 동생 덕에 나는 세상은 아름다운 것이며 어떤 시련이나 고통도 다 지나가는 거라고 생각할 수 있다. 동생은 아무 이유 없이 나를 즐겁게 만들어 줄 수 있는 존재다. 아무리 하늘이 흐려도 동생만 있다면 햇볕이 비출 것이다.

동생은 내가 만난 사람들 중에 가장 능청스럽고 귀여운 사람이다.

여름 방학 전에 부모님은 우리와 함께 집으로 가려고 베이징대학까지 데리러 왔다. 부모님은 학교에 도착하기 30분 전에 동생에게 연락해서 짐을 싸서 정문 앞으로 나오라고 전했다. 그런데 동생은 만나기로 한 시간에 나오지도 않고 전화를 다섯 통이나 했는데도 받지 않았다. 무슨 사고라도 난 건 아닌지 걱정하고 있을 그 시각, 동생은 잠에 취해 침대에서 꿈나라를 헤매고 있었다.

동생이 눈을 떠서 "부모님이 도착했겠네"라고 중얼거리고 있을 때 엄마에게 메시지가 왔다. "기숙사 로비까지 왔는데 어디니? 다시 정문으로 가서 찾아봐야겠구나."

동생은 실실거리며 말했다. "엄마, 아빠 사실 저 아직 기숙사에서 안 나왔어요. 잠깐만 더 기다려 주세요." 30분 걸려 짐을 싼 동생은 로비로 내려가자마자 부모님에게 한바탕 욕을 먹어야 했다.

동생은 항상 이런 식이다. 늘 짐을 싸 놓지 않아서 지각을 밥 먹듯이 해도 눈 하나 깜짝하지 않고 이렇게 말한다. "왜 그렇게 조급해? 나도 할 수 있어. 단지 기다려 주기만 하면 돼."

한번은 동생을 데리고 유명한 레스토랑에 갔는데 계산서가 나오자 내가 말했다. "이런, 오늘 지갑을 안 가져왔네. 네가 계산하면 나중에 이 형이 다 갚아 줄게."

그러자 동생은 내 가방을 마구 뒤지기 시작했다. "형, 지갑이 가방에 있네." 머쓱해진 내가 옹색한 변명을 했다. "분명히 안 가져온 줄 알았는데 이상하다. 방금까지만 해도 안 보였거든."

내가 버벅거리고 있으니 동생은 눈을 흘기며 한마디 했다. "쯧, 형이 돼서 계산서를 떠넘기려고 하다니."

나는 머리를 긁적이며 말했다. "시간도 많은데 내가 영화 보여 줄게. 가자." 동생은 늘 그렇듯 사양하지 않고 영화관으로 향했다. 그런데 영화관에 가서 지갑을 확인해 보니 돈이 100위안이나 부족했다. 나는 어쩔 수 없이 동생에게 표를 사게 했다. 그리고 웃으며 말했다. "다음에는 형이 꼭 살게." 동생은 다시 한번 눈을 흘기더니 대답했다. "형은 이미 블랙리스트에 올랐어. 더 얘기하지 마. 다시 되돌릴 순 없어."

동생은 내가 아는 사람들 중에 가장 영리한 사람이다.

수능시험에서 수학을 만점 받은 일은 이미 옛날이다. 대학에 들어온 뒤로 우리는 겹치는 강의가 거의 없었지만, 같이 받는 강의는 함께 복습했다. 하지만 동생은 낙서만 할 뿐 열심히 하지 않는 것처럼 보였다. 그런데 막상 시험 날에는 유창하게 암기를 해서 깜짝 놀랐다. 나는 동생에게 어떻게 된 일이냐고 물었고, 동생은 웃으며 대답했다. "아마도 내가 마법에 걸렸거나 신비한 능력이 생긴 게 아닐까?"

동생과 말싸움을 하면 늘 지고 마는데, 동생은 채 두 마디를 하지 않고도 내 논지를 무너뜨리기 때문이다. 때로는 인정할 수 없는 말을 하는데도 어떻게 대적해야 할지 몰라서 질 때도 있다.

언젠가 우리와 푸단 대학교의 쌍둥이 자매와 함께 TV프로그램에 출연한 적이 있다. 그때 쌍둥이 자매는 우리에게 마술을 보여 주기로 했는데 동생은 절반도 보기 전에 속임수를 알아냈다. 하지만 동생의 설명을 들어도 난 도무지 무슨 말인지 이해가 되지 않았다.

시작한 김에 칭찬 하나만 더 해야겠다. 동생은 내가 만난 사람들 중에서 가장 좋은 태도를 가진 사람이다. 열심히 해야 할 때는 열심히 하고, 놀아야 할 때는 논다. 노래를 부르고 싶으면 바로 부르고, 영화를 보고 싶으면 상영 시작 10분 전이라도 택시를 타고 가서 보고 만다. 고급 레스토랑에서 식사를 하고 싶은데 그럴 수 없는 상황이라면 합리적인 범위에서 스스로 만족할 수 있는 방법을 찾는다.

나는 그런 동생이 부럽다.

많은 사람이 나처럼 열심히 공부하고 일하면서 바쁘다는 핑계로 삶의 즐거움을 잊어버린 채 산다. 늘 자신을 힘들게 밀어붙이느라 불평불만을 입에 달고 살아간다. 하지만 동생을 보고 있으면 이게 다 무슨 소용일까 싶다. 시간은 빠르게 흐르고 인생은 너무 짧다. 그러니 스스로 만족시킬 수 있는 방법을 배워야겠다는 생각을 한다.

2014년 7월 30일 오후 1시 11분 현재, 내가 이 글을 쓸 때 동생은 자는 중이다. 동생은 베개만 대면 5분 만에 곯아떨어지며, 커튼만 쳐도 밤인 줄 착각하고 꿈나라로 빠져든다.

지금 밖에는 비가 내리고 하늘은 우중충한데 장장 열세 시간째 자고 있는 동생이 얼마나 더 잘지는 나도 잘 모르겠다.

아, 깜빡하고 말하지 않은 게 있다. 동생은 잘 때 세상에서 가장 편안하고 안정된 자세로 숙면을 취한다. 형으로서 그런 동생을 보고 있으면 정말 보석같이 느껴진다. 그리고 바라게 된다. 지금까지와 같이, 영원히 함께 할 수 있는 친구이기를.

아직
틀린 선택은 없어

인생의 모든 풍경을 다 감상할 수는 없으니 언제나 선택은 신중하게 해야 한다.

나는 어리바리한 동생과 행복한 가족이 있고 베이징대학에 다니며 나만의 화장품 브랜드도 만들었다. 어떤 사람들은 내 삶이 어떤 우여곡절도 없이 순풍에 돛 단 듯 흘러 간다고 말한다.

처음 그 말을 들었을 때는 깜짝 놀랐다. 그런 사실을 인정할 수 없어서 그런 게 아니라, 무의식적으로 나 또한 그렇다고 생각하고 있었기 때문이다. 나는 두려워지기 시작했다. 큰 아픔을 겪어 보지 못한 사람은 큰 기쁨도 누릴 수 없다는 말도 있지 않나? 그러니 어쩌면 앞으로 좋지 않은 일이 일어날 수도 있지 않을까? 지금은 창창 대로를 걷고 있지만 나중에 안 좋은 일이 일어나 하루아침에 모든 것을 잃게 되면 어쩌지?

나는 계속 자문했다. 나는 쓰러졌다 다시 일어날 용기와 모험심이 부족해서 과감한 도전을 해 본 적 없는 게 아닐까? 아니면 자라면서 좌절이란 감정을 무시해야 한다고 생각하게 된 걸까? 성인이 된 나는 좌절이란 단어만 떠올려도 어찌할 바를 모르겠고 진땀이 난다. 그것은 내가 심각한 좌절을 겪어 본 경험이 거의 없기 때문이다. 내 또래 친구들만 봐도 저마다 크든 작든 고통스러운 기억과 만족스럽지 않은 과거를 가지고 있는데 나는 그렇지 않다. 설마 내가 너무 긍정적인 사람이라서 좋지 않은 일들을 기억하지 않으려 하기 때문일까? 아니면 내가 사소한 좌절과 실패를 대수롭지 않게 생각하기 때문일까? 아직 잘 모르겠다. 하지만 한 가지는 말할 수 있다. 나는 도전하되 무모한 선택은 하지 않았다. 어쩌면 그래서 나는 지금까지 좌절을 모르는지도 모른다.

나는 고지식하다. 그래서 어떤 일을 할 때는 일단 한참 심사숙고하고, 내 생각대로 밀어붙인다. 아주 간단해 보이는 일이라도 투자대비 보상비율을 산출하고 모든 경우의 수를 따져서 내가 실패할 가능성이 높다면 아예 시작도 하지 않기 때문에 리스크도 크게 줄일 수 있다.

대학에 막 입학했을 때 능력 있는 선배가 나를 토론클럽에 추천해 준 적이 있다. 당시 말재주가 부족하다고 느끼던 나는 말하기 연습을 할 수 있는 좋은 기회로 생각하며 잘 됐다고 생각했다. 그런데 또 다른 선배가 나를 방송반에 추천하며 교내 방송 프로그램을 해 보지 않겠냐고 권했다. 사실 나는 입학한 지 얼마 안 된 새내기여서 호기심도 왕성했고 이것저것 시도하고 싶어 몸이 근질근질했다. 물론 여러 개의 동아리에 다 가입할 수도 있었을 것이다. 하지만 나는 생각이 달랐다. 인생의 모든 풍경을 다 감상할 수는 없으니 선택은 언제나 신중해야 한다. 나는 숙고를 거치고 나서 방송반을 선택하고 토론클럽은 과감히 포기했다. 그때 나를 추천했던 선배는 아주 실망하며 크게 화를 냈다는 얘기를 전해 들었다. 하지만 지금 결과만

놓고 보면 그때 내 생각을 고집한 게 다행이다.

방송반에 가입한 뒤 나는 원고를 쓰고, 프로그램을 녹음하는 일부터 시작했다. 시청자가 많은 프로는 아니지만 준비하다보니 카메라를 보며 말하는 훈련이 되어 나는 다른 사람들과도 자신감 있게 대화를 이끌 수 있게 되었다. 나중에 나는 앵커의 신분으로 학교의 크고 작은 행사의 사회를 도맡았다. 대학교 2학년 때 졸업식 사회를 맡아 직접 원고를 작성한 것은 물론이고, 관중과 호흡하며 그때그때 애드립도 할 수 있었다.

지금까지도 나는 그때 내가 부족한 영역에 도전하고 최선을 다해 노력한 것이 대견하다. 대학 신입생 때만 해도 나는 수업 시간이면 끝자리에 웅크리고 앉아 말 한마디도 제대로 못했고, 대화를 할 때도 눈을 맞추지 못했다. 심지어 교수님께 무슨 말씀을 드려야 할 때도 너무 더듬거려서 내 생각을 전하기 어려웠다. 하지만 방송반을 하면서 나는 점차 외향적이고 자신감 넘치는 사람으로 변해 갔다. 수업 시간에도 적극적으로 내 의견을 발표했고 토론수업에서도 분위기를 주도할 수 있게 되었다. 나는 조금씩 내가 좋아하는 모습으로 발전해 갔다.

대학에서 나는 무수한 기회를 만났고, 전진과 후퇴를 반복하며 무대 앞에서 화려한 조명을 받기도 하고 무대 뒤에서 성취감을 느끼기도 했다. 나는 매 순간 신중한 선택을 하려고 노력했다. 유명세를 타기 전에도 에이전시에서 연예인 제의를 받았지만 신경 쓰지 않고 계속 글쓰기에 몰두했고, 출판사와 계약했다. 그리고 학교에서 인기 있는 암벽등반 동아리나 기타 동아리에 가입하는 대신 고생스러운 학생회에서 많은 시간을 보내며 덜렁대는 스텝에서 신뢰감 있는 회장으로 발전했다. 방학에도 사업을 벌여 회의를 강행하며 신제품을 개발하고 나만의 브랜드를 만들었다. 나는 내가 가 보지 않은 길을 아쉬워하기보다 내가 현재 가고 있는 길에서 최선을 다한다.

나는 내게 어울리는 편안한 환경에서 좋아하는 일을 하고, 아끼는 사람을 마음껏 사랑할 수 있다면 만족한다. 그것이 내가 생각하는 최고의 인생이다. 나는 선택해서는 안 될 일은 선택하지 않고, 포기해서는 안 될 기회는 포기하지 않으면서 나만의 생을 살아가고 싶다.

많은 선택지 앞에서 나는 늘 묻는다.

옳은 선택인가? 아름다운 선택인가? 공정한 선택인가?

내게 옳은 것이란 노력한 만큼 얻는 것이며, 내게 아름다운 것이란 노력하는 것이고, 내게 공정하다는 것은 내가 행복하기를 바라듯이 타인의 행복 또한 지켜지는 것이다.

하지만 아무리 신중한 선택을 해도 모든 선택이 옳을 수도 없고 옳은 선택을 했다고 해서 모두 좋은 결과를 가져다주지도 않는다. 그래도 내 중심을 세우고 내린 선택들은 언제나 내게 무언가를 남겼다. 당장의 성공과 실패는 어쩌면 선택의 문제가 아니라 실력의 문제다. 부족한 실력은 청춘이 시간과 노력을 들여 채워 가는 것이지 좌절의 핑계가 아니다.

그래서 때로는 좌절해 본 경험 유무보다 그 좌절을 나를 성장하게 한 밑거름으로 삼았는지가 더 중요하다. 실패가 나를 두려움에 가두도록 내버려 두어서는 안 된다. 세상을 원망하기 위한 핑계로 삼아서도 안 된다. 실패 그 자체보다 그 후의 자세가 한 사람의 품격을 결정한다고 나는 믿는다. 그렇게 생각한다면 실패를 두려워할 이유는 없다. 옳은 선택에 대한 기준, 그것을 옳은 선택으로 만드는 노력, 결과를 담담히 받아들이는 여유, 나는 이런 것들이 한 사람을 특별하게 만드는 힘이라고 생각한다.

나와 같은 청춘들에게 하고 싶은 말이 있다. 앞으로 펼쳐질 인생을 초조해 하거나 괴로워 하지 말고 천천히 가자. 인생은 우리를 위해 많은 상자를 준비해 두었지만, 모두 열어 봐야 하는 것은 아니다.

견딜 수 없다고
느껴질 때

사실 내게 대도시에 살라고 강요한 사람은 아무도 없다. 내게 큰 꿈을 가지라고 강요한 사람도 없다. 내 안에 열정과 패기가 있기 때문에 생동하는 도시의 삶을 선택했다.

별빛도 없는 깊은 밤, 나는 부모님과 저녁산책을 했다. 이곳의 밤은 어둠이 알리지만 베이징에서는 네온사인이 밤을 알린다. 나는 작은 불빛 하나하나가 모여 온 세상을 밝게 비추는 네온사인을 좋아한다. 네온사인은 밤의 수호자같다.

작은 도시는 가장 편안한 친구 같다. 한 번도 보수된 적 없는 도로와 추억 속의 냄새까지 그대로인 밤바람, 가로등 아래에 서면 길어지는 그림자. 이곳에서 눈을 감으면 옛 생각이 새록새록 떠오른다.

10여 년 전, 그때도 이런 밤이었다. 어린 나는 항상 부모님 뒤에서 당시 유행하던 MP3를 들으며 따라 걸었고, 앞에서는 부모님과 동생의 웃음소리가 들려왔다. 나는 그들을 바라보며 '정말 행복한 가족이야. 그런데 나는 뭐지? 나는 덤으로 생긴 존재인가?'라는 생각을 하곤 했다. 태어날 때부터 예민하고 고집이 셌던 나는 어릴 때 부모님과 이야기하는 걸 거북해 했고, 언제나 고개를 숙인 채 이어폰을 끼고 살았다. 나는 늘 나를 비하했다. 당시 부모님은 동생과 전혀 다른 내 눈빛을 볼 때마다 걱정에 휩싸였다. 나 역시 그런 부모님의 모습을 볼 때마다 괴로웠고 어떻게 해야 할지 알 수 없었다.

시간은 빠르게 흘러서 나는 어느새 성인이 되었다. 키도 부모님보다 훨씬 커졌고 걷는 속도도 아빠보다 빨라졌다. 이제더는 부모님 뒤에 숨지 않고 나란히 걸으며 이런저런 이야기도 나눈다. 예전처럼 엄마의 옷자락을 잡고 걷는 게 아니라, 엄마의 어깨를 감싼 채 다정하게 걸어간다. 난 더 이상 엄마의 꼬맹이가 아니다.

부모님이 웃음 지을 때마다 얼굴에 주름살이 잡히는 모습을 보면 코끝이 찡해진다. 예전의 나는 동생보다 못났다는 자격지심과 부모님에게 사랑받지 못한다는 생각에서 비롯된 두려움으로 가득 차 있었다. 하지만 이제 겨우 부모님과의 거리가 좁혀졌다는 생각이 들기 시작했는데 부모님은 어느새 노인이 되어 가고 있었다. 내 삶은 나날이 커지는데 부모님의 삶은 나날이 작아지는 것 같다. 때로는 자식들에게 사소한 부탁을 하면서도 머뭇거리는 눈빛을 보일 때도 있다. 마치 옛날의 나처럼 말이다.

집에서 북쪽으로 난 길은 아주 조용하고 양쪽으로 사시나무가 심어져 있다.

사시나무 길을 계속 가다 보면 경찰학교가 나온다. 늦은 밤, 신병들은 입구에 모여 훈련을 하는데 불빛 아래서 그들을 보고 있으면 내가 정말 편하게 살고 있다는 생각이 든다. 갈림길까지 걸어가면 지저분한 상점이 나오는데 악취가 풍겨 뭘 사먹고 싶은 생각이 뚝 떨어진다. 엄마는 피곤하다며 내 팔짱을 끼고 걸었다. 그다지 많이 걷지 않은 것 같았지만 조용히 입을 다물고 엄마에게 팔을 내어 드렸다. 엄마도 이제 쉰 살이나 되었다.

빠르게 흐르는 시간이 무섭다. 어릴 때는 동생과 장난을 치며 걷느라 부모님 걸음이 빠른 게 싫었는데, 장난을 치지 않는 나이가 돼서 그런지 부모님 걸음이 오히려 더디게 느껴졌다.

갈림길에서 다시 집으로 돌아올 때는 시장을 가로질렀다. 시장 옆에는 세 명의 청년들이 동업하는 음료수 가게가 있는데 가격이 베이징의 절반밖에 안 된다. 나는 음료수를 골라 의자에 앉아 시원하게 들이켰다. 베이징에서는 내가 항상 부모님에게 식사 대접을 했는데, 계산할 때 무표정한 얼굴로 신용카드를 내밀곤 했다. 그러면 직원이 부모님이 생각하기에 높은 숫자가 찍힌 영수증과 신용카드를 건네주었고, 나는 다시 무표정한 얼굴로 그것들을 지갑에 쑤셔 넣었다. 하지만 엄마는 음료수를 살 때 자랑스럽기 그지없다는 표정이었다. 걷느라 피곤해진 얼굴이 순식간에 환해질 정도였다.

"아들, 맛있어?"

"네."

나는 베이징에는 이것보다 훨씬 달콤하고 맛있는 음료수가 셀 수 없을 만큼 많다는 얘기는 하지 않았다. 그저 엄마가 사준 음료수를 맛있게 마시며 만족스러운 표정을 지어 보였다.

엄마는 그런 나를 보고 활짝 웃었다. 나는 엄마의 촉촉한 눈빛을 보며 말없이 음료수를 들이켰다.

거리에는 양복바지에 셔츠를 입고 이어폰을 낀 젊은이들이 먹을 것이 든 봉지를 들고 걸어가는 모습이 많이 보였다. 그들은 시장 안쪽에 있는 라면, 감자튀김, 음료수 등을 사서 맞은편으로 난 골목으로 사라졌다. 길가에는 노인들이 삼삼오오 둘러 앉아 마작을 하는데, 마작 패를 내는 할아버지의 눈빛이 살아 있었다. 그 모습을 보니 예전에 할아버지가 나를 데리고 마작을 하러 다니던 때가 생각났다.

음료수를 다 마신 우리는 다시 길을 걸었다. 길에서 나는 아빠와 이어폰을 하나씩 나눠 끼고 내가 자주 듣는 노래를 들려주었다. 그런데 아이폰 전용 이어폰이 불편했는지 아빠는 이어폰을 귀에서 살짝 떨어뜨린 채 손으로 조심스레 잡고 노래를 들었다. 나는 아빠를 위해 조용히 볼륨을 높이며 베이징에서 내가 즐겨 듣는 노래라고 알려 주었다.

동네 외곽에는 화려한 주점이 들어왔는데 주점 옆에 "새로운 생활을 창조하라"라는 대형 광고판을 세워 놓았다. 주점의 대형 광고판을 보니 '우리 동네가 언제 이렇게 변했나?' 싶은 생각에 씁쓸했다. 한편 나 또한 '새로운 생활을 창조'하기 위해 쉬지 않고 노력해 왔다. 때로는 이유도 잘 알지 못한 채 무조건 열심히 해야 한다는 생각으로 앞만 보고 달려갔다.

최근 5년 동안, 집에 머무는 시간이 점점 줄어들자 일 분, 일 초가 소중하게 느껴지기 시작했다.

터미널에서 트렁크를 끌고 나올 때마다 친한 친구를 오랜 만에 만나는 기분이다. 베이징에서 견딜 수 없이 힘들 때면 늘 고향으로 돌아와 위로를 받았다. 많은 사람들이 그렇듯, 나 또한 고향을 떠나고 나서야 고향이 무엇인지 알게 되었다.

마을의 공터에는 몇 채의 오피스텔이 들어섰다. 나는 엄마의 손을 끌고 그쪽을 가리켰다.

"나중에 여기에서 일할 거예요. 그러면 매일 집에서 엄마랑 밥도 먹고 함께 산책도 할 수 있잖아요. 베이징에서 고생하면서 살 필요가 뭐 있어요? 뼈 빠지게 일해 봤자 월세로 다 빠져나가고 마는 걸요."

내 말을 들은 가족들은 모두 아무 말도 하지 않았다. 다들 고민에 빠진 표정이었다.

"농담이에요. 베이징에 남아서 열심히 살게요." 나는 실없이 웃으며 엄마를 끌어안았다. 그러자 딱딱해졌던 분위기가 다시 풀어졌다.

우리처럼 작은 도시에서 자란 아이들의 부모는 자식을 공부시켜 대도시로 보내기 위해 자신의 인생을 희생한다. 하지만 베이징에서 자리잡기란 결코 만만치 않다. 베이징에는 매일 무수히 많은 사람이 기를 쓰고 들어와 자리를 차지하려고 애쓴다.

대도시에는 날마다 사람이 미어터지고 마음을 털어놓을 친구도 없다. 매일 몇 시간씩 지옥철에 시달리느라 다들 출근할 때부터 피곤에 절어 있지만 눈코 뜰 새 없이 바쁘게 움직인다. 물가도 높아서 밤낮으로 일해도 월세를 내고 나면 통장이 바닥나 버린다. 하지만 대도시에는 치열함과 자부심, 그리고 젊음을 매료시키는 새로움이 있다. 그 안에는 무수한 가능성이 있다. 나는 그런 변화 속에 있고 싶다.

사실 내게 대도시에 살라고 강요한 사람은 아무도 없다. 내게 큰 꿈을 가지라고 강요한 사람도 없다. 내 안에 열정과 패기가 있기 때문에 생동하는 도시의 삶을 선택했다. 가끔 나 역시 도시의 화려한 불빛에 매료된 불나방이 아닐까 두렵기도 하다. 하지만 내가 이 길을 선택했고, 그 길에는 내 꿈이 놓여 있다. 그 꿈을 통해 나는 특별한 존재가 되고 싶다.

그 꿈을 이루기 위해 앞으로 길 위에서 닥쳐 올 고통과 난관들 또한 기꺼이 견디려 한다. 우리에게 대도시의 화려한 불빛은 단지 야경이 아니라 우리의 알 수 없는 미래를 담고 있다.

오피스텔까지 도착하자 나는 가족들을 불러 세웠다. "엄마, 아빠 여기 잠깐만 있다 가요. 오늘 바람이 참 좋아요. 가만히 있으면 향기가 나는 것 같아요."

젊어도 알 수 있다. 인생에는 걱정도, 슬픔도 많다는 걸. 하지만 아픔을 겪으면서도 웃을 거리를 찾아내고 아름다움에 감탄하는 것도 사람이다. 나아갈 힘이 없는 것 같을 때도 외쳐보자.

"난 아직 괜찮아."

아름답진 않아도
찬란하게 빛나던 시간들

때가 되면 민들레가 바람에 흩어지는 것처럼 시간은 우리를 서로 다른 곳으로 보냈다. 옛날이 그리워 돌아가 보려 하지만 그대로 일 수 없다. 그들이 변했듯 나도 변했을 것이다. 그립다는 것은 지금의 내가 예전과 다르다는 증거다. 인생에서는 만나고 헤어지기를 반복하게 되어 있다. 그래서 우리는 늘 그립고 외롭다. 어른이 된다는 것은 그것을 받아들이는 것일지도 모른다.

베이징대학에 들어오기 전 북방 지역의 작은 도시에서 고등학교를 다녔다. 그때의 나는 통통했고 입가에는 푸릇푸릇한 수염이 막 나기 시작해서 보기 좋은 몰골은 아니었다. 나는 사춘기 시절 잊지 못할 상처나 열렬한 사랑도 없었다. 단순하고 평온한 날들이 대부분이었다.

그때를 되돌아보면 수능시험에 대한 공포, 시험에 대한 지긋지긋함, 담임 선생님에 대한 불만, 늦게 자고 일찍 일어나는 생활에 대한 분노가 먼저 떠오르지만 한편으로는 운동장에서 축구를 하던 남학생들, 걸어서 간식을 사러 가던 여학생들, 정문에서 먹던 꼬치구이, 수업 시간 창밖을 보며 느꼈던 계절의 변화, 그리고 장난을 치려는 친구들의 입가에 번지던 미소도 보인다.

그때는 빨리 어른이 되기를 고대하며 졸업하면 가고 싶은 곳, 만나고 싶은 사람, 해야 할 일들을 계획하는 것이 제일 즐거웠다. 하지만 막상 고등학교를 졸업하니 그 시절이 그립다.

고등학교에 입학하며 나는 줄곧 동경하던 기숙사 생활을 하게 되었는데 룸메이트들이 여러가지 의미로 기대 이상이었다. 네 명이 한방을 썼는데 그 중 하나가 '원숭이'다. 처음 별명을 들었을 때는 말라깽이를 상상했지만 의외로 그는 기숙사에서 가장 덩치가 좋았다. 그렇지만 만족하지 않고 물통을 들고 운동을 했는데 쉬지 않고 열심이었다. 하지만 졸업식 당일 나와 팔씨름을 했는데 어쩐지 한 번도 날 이기지 못했다. 또 한 녀석은 통통한 몸매에 전형적인 '룸메이트 얼굴'을 가진 '국민 룸메'였다. 학교마다 한 명쯤 있다는 통통한 몸에 얼굴에는 안경을 걸치고, 슬리퍼를 질질 끌고 다니며 입은 웃거나 먹는 용도로 사용하는 녀석이었다.

마지막으로 만난 녀석은 '에단'으로, 홍콩 가수 천이쉰陳奕迅을 무려 7년째 좋아하던 열혈 팬이었다.

'원숭이', '국민 룸메', '에단', 그리고 나까지 우리 넷은 죽이 척척 맞았다. 원숭이는 기숙사에 손전등을 가지고 다니며 세면실에서 막 씻고 나오는 여학생에게 들이대는 장난을 치곤 했는데 실수로 사감 선생의 얼굴을 비추어 혼비백산해서 도망가기도 했다. 에단은 씻을 때마다 물이 나오는 샤워기를 붙잡고 노래를 불러 기다리는 사람들의 야유를 받았다. 하지만 남들이 인정해 주거나 말거나 에단의 꿈은 커서 부모님까지 속여 가며 베이징으로 오디션을 보러 갈 여비를 모았다. 하지만 정작 오디션을 보는데도 돈이 필요하다는 사실을 몰라 계획은 수포로 돌아갔다. 국민 룸메는 심심할 때마다 창가에 기대 지나가는 여학생들을 가리키며 말했다. "쟤는 전여친이고, 얘는 전전여친이고……."

기숙사 이불은 모두 에단이 갰는데 항상 두부처럼 네모반듯하게 잘 갰다. 국민 룸메는 꼬치를 한 무더기씩 사 왔고, 원숭이는 근육 훈련을 위해 물통 배달을 맡았다. 그리고 나는 다른 친구들이 베낄 수 있도록 빨리 숙제를 해서 넘겼다.

여름철 기숙사는 우리의 뇌도 갓 찐 만두처럼 익혀 버릴 것 같았다. 방마다 하나씩 있는 벽걸이 선풍기는 손부채보다 바람이 약했다. 어느 해에는 그나마도 자주 정전되었다. 그해 기말고사를 마치고 다음날 방학식이 있던 날에 또 정전이 일어났다. 그러자 남학생들은 단체로 소동을 피우며 물병을 건물 밖으로 마구 던졌다. 기숙사 한 동에서 고함을 지르며 물병을 던지자 나머지 기숙사에서도 따라서 던지기 시작했는데, 서로 뭐라고 하는지는 알아듣지 못했다. 살집 좋은 행정 주임이 급하게 뛰어왔지만 학생들은 모두 자기 방으로 달아나 버린 뒤였다.

그날 나는 기숙사 건물 앞에 조각난 물병들을 치우다가 본 햇볕에 반짝이던 물빛을 기억한다.

청춘 드라마에서 나올 법한 그 장면은 내 기억 속에 오랫동안 남아 있었다. 지금 생각하면 절로 웃음이 나온다. 그때 우리는 유치하고 무모하며 장난밖에 모르는 어린애였지만 그 시절이 있기에 우리가 존재할 수 있다.

하지만 학창시절 그렇게 허물없던 친구들과 멀어지는 경험은 한번은 겪어야 할 일이기도 하다. 싸우거나 오해를 해서가 아니라, 시간이 흐르고 서로 다른 환경에서 다른 친구를 사귀게 되면서 자연스럽게 멀어진다. 그러다 그리웠던 예전 친구들과 다시 만나면 이제 서로에게 할 말이 몇 마디 없다.

작별은 언제나 조용한 방식으로 이루어진다. 결국 시간이 흐르면 어쩔 수 없는 일이라는 사실을 받아들이게 된다. 뚜렷한 작별의 순간이 있는 경우도 있지만, 대개의 인연은 그때가 마지막이라는 것도 모른 채 끝을 맞이하게 된다. 그리고 시간이 지나면 그 흐지부지된 인연의 끝을 떠올리기도 어렵다.

몹시 추운 날이었다. 그리웠던 친구들이 아주 오랜만에 모였다. 중국 북부지방의 겨울은 여전히 추웠다. 창밖에는 입김만 불어도 서리가 생겼고 발목까지 빠지는 눈이 내리는 엄동설한이었지만, 친구들을 만나러 가는 내 발걸음은 가벼웠다. 우리는 만나자마자 술잔을 부딪쳤고 실내는 곧 떠들썩한 소리와 자욱한 담배연기, 맥주냄새가 뒤섞였다. 점점 우리는 대화보다 휴대폰 카메라로 서로 취한 모습을 찍거나 하나둘 자리를 뜨는 아이들을 찾으며 시간을 보냈다. 한때 대화가 끊기지 않는 친구들이었지만 그날 자리의 끝은 쓸쓸했다.

시간은 우리를 그냥 두지 않았다. 노래를 좋아하던 친구는 머리를 길렀고, 내성적이었던 친구는 달변가로 변신했으며, 미친놈처럼 날뛰던 녀석도 노련한 처세가가 되었다. 예전 친구를 만나러 갈 때는 상대방이 여전히 예전 같기를 바란다. 하지만 그동안 우리는 각자 새로운 인생을 살아왔다.

모임이 끝나고 밖으로 나오니 어느새 어둠이 내려와 있었다. 하늘에 흩어진 별들은 희미한 빛을 발산했고, 가로등 아래 눈 덮인 땅은 고요했다.

때가 되면 민들레가 바람에 흩어지는 것처럼 시간은 우리를 서로 다른 곳으로 보냈다. 옛날이 그리워 돌아가 보려 하지만 그대로 일 수 없다. 그들이 변했듯 나도 변했을 것이다. 그립다는 것은 지금의 내가 예전과 다르다는 증거다.

인생에서 우리는 만나고 헤어지기를 반복하게 되어 있다. 그래서 우리는 그립고 외롭다. 어른이 된다는 것은 그것을 받아들이는 것일지도 모른다.

붙잡아야 하는 것과 붙잡을 수 없는 것, 그것을 구별하고 받아들이는 것.

지금 곁에 있는 사람에게 최선을 다하는 것과 멀어져 가는 인연과 감정을 받아들이는 것.

사실 나는 아직 청춘이라 그것이 쉽지 않다. 오히려 멀어지는 인연에 마음이 아프고 힘들며, 붙잡고 싶고, 곁에 있는 사람에게 소홀하다 후회를 하곤 한다.

만남이 있으면 반드시 헤어짐이 있다. 그 헤어짐에 담담하려면 그 만남의 순간들이 가득 차야 한다. 충실하지 못한 만남들이 오히려 헤어짐을 질척이게 만들고 새로운 만남까지 영향을 준다. 당시는 모르지만 학창시절은 정말 여과지처럼 빠르게 지나간다. 따라서 지금 교복을 입고 잠을 쫓으며 잘 알지도 못하는 문장을 외우고 있다면 반드시 이 두 가지를 기억하라고 말하고 싶다. 후회 없이 공부할 것, 진정한 친구를 사귈 것.

길을 잃어
보석을 얻는다

나는 이 순간을 놓치고 싶지 않다. 나는 이 청춘을, 이 순간을, 원망과 부러움으로 억울함과 허세로 메우고 싶지 않다. 진심으로, 아름다운 것으로, 소중한 것들로, 옳은 것으로, 생기 넘치는 것으로, 새로운 것으로 활기차게 채우고 싶다. 언젠가 오늘을 돌아보며 스스로 감동받을 수 있도록 말이다. 그리고 나는 청춘이기에 그 런 삶이 더 나은 결과를 낳는다고 믿는다.

마지막 장을 쓰기 전에 나는 여기에 뭐라고 써야 지나간 날들에 완전한 마침표를 찍을 수 있을지 오랫동안 생각했다. 그러다 그런 나의 생각이 틀렸음을 깨달았다. 세상 어떤 일에도 마침표란 존재하지 않기 때문이다. 지나간 과거라고 해서 그것으로 끝나는 것은 아니다. 현재에서 조금씩 멀어지다가 미래의 어느 날 생각지도 못한 모습으로 다시 만나게 된다.

아침인 줄 알고 눈을 떴는데 정오가 지났다는 사실에 나태한 자신을 자책해 본 적이 있을 것이다. 그리고 자신을 변화시키고 싶은 마음에 아침 일찍 일어날 계획을 세우고 필독도서 목록을 만들어 본 적도 있을 것이다. 다이어트 식단을 짜고 여행 계획도 세워 봤을 것이다. 하지만 어디서부터 시작해야 할지 감을 잡지 못하거나 도중에 그만두는 등 꾸준히 노력하지 않아 실패를 반복하는 악순환을 겪었던 적 또한 있을 것이다.

감정에 솔직하지 못해서 우물쭈물거리다 사랑도 우정도 다 놓쳐 보았을 것이다. 상대방에게 지나치게 잘 하려다 보니 오히려 상처를 받고 관계가 멀어져도 봤을 것이며, 상대에게 날개를 달아 주기보다 내 곁에 잡아 두려고 애쓰다 오히려 날려 버린 사랑도 있을 것이다. 말을 잘하고 융통성이 뛰어난 사람과 비교하며 자신은 아무것도 잘하는 게 없다고 생각하며 타인의 인생을 부러워하고 마음속으로는 더 나은 사람이 돼야겠다는 생각도 해 본 적 있을 것이다.

좋아하는 사람의 웨이보를 몇 시간이나 들여다보며 그들의 아름다운 인생에 탐닉해 본 적이 있을 것이다. 휴대폰을 끄고 자기만의 세계로 들어가 깊은 우울감에 빠진 적이 있을 것이다. 난 어차피 안된다며 노력하지 않는 내가 미울 때도 있고, 죽도록 노력했지만 원했던 결과를 얻지 못한 적 또한 있으리라. 가장 두려운 것은 이런 감정들 외에도 이 세상에서 아무것도 할 수 없을 거라는 생각으로 자신을 괴롭히는 것이다.

만약 그렇다면 너무 두려워할 필요 없다.

사람은 누구나 실패하고 뒤처지며 심지어 모든 것이 무너져 내릴 때가 있다. 구석으로 작게 움츠러드는 그런 시기가 있다. 탄탄대로 같은 인생을 사는 사람도 있지만, 소수일 뿐이다. 우리는 젊기 때문에 실수도 하고 방황도 할 수 있다. 그래도 우리에게는 수많은 날들이 남아 있다.

그러니 서두를 필요도, 유난 떨 필요도 없다. 내가 가야할 길, 내가 가고 싶은 길을 누구와 어떤 태도로 갈 것인지 찬찬히 질문하며 차곡차곡 나를 만들어 가면 된다.

내가 원하는 길인가? 내가 평생 행복할 수 있는 일인가? 나를 더 나은 사람으로 만들어주는가? 과정이 정당하고 즐거운

가? 지금의 생각이 내게 도움이 되는 생각인가? 내가 내 인생의 주인공인가? 아름다운 삶을 누구와 함께 할 것인가? 10년 뒤의 나는 지금의 내게 뭐라고 할 것인가? 내 곁에 소중한 이들을 소중히 대하는가? 내게 정말 중요한 것이 무엇인가?

시간이 필요한 질문도 있다. 그리고 그 답도 시시각각 변할 수 있다. 그러나 질문에 대한 답이 명확해졌다면 믿고 해 보자. 망설이지 말고 해 보자. 혹 기대와 다르면 다시 질문해 보면 된다. 그러다 보면 그다음의 답은 이전보다 훨씬 구체적이고 나아져 있을 것이다.

힘써 해 보았던 것들은 지금 생각에는 쓸데없는 짓이었던 것 같고 그저 실패만 안겨 준 것만 같아도 어느 날 내가 완성해야할 퍼즐의 소중한 한 조각으로 되돌아온다.

화려한 타인의 삶을 부러워하며 쓸쓸해 할 필요도 없다. 그들도 우리와 마찬가지로 청춘이 있었고 방황했었다. 게다가 그들에게는 영원히 오지 않을 청춘이 지금 이 순간 우리에게는 있다. 나는 이 순간을 놓치고 싶지 않다. 나는 이 청춘을, 이 순간을, 원망과 부러움으로, 억울함과 허세로 메우고 싶지 않다. 진심으로, 아름다운 것으로, 소중한 것으로, 옳은 것으로, 생기 넘치는 것으로, 새로운 것으로 활기차게 채우고 싶다. 언젠가 오늘을 돌아보며 스스로 감동받을 수 있도록 말이다. 그리고 나는 청춘이기에 그런 삶이 더 나은 결과를 낳는다고 믿는다.

나는 그렇게 살아갈 거라고 믿고, 그렇게 살려고 노력하는 나를 사랑한다.

이 글을 쓰다 보니 어느새 새벽 1시가 되었다. 지난 시간들 중 좋았던 일들, 나빴던 일들을 돌아보니 가벼운 미소가 그려진다. 성장한다는 것은 바로 이런 것이 아닐까. 고통과 기쁨을 겪으며 자신과 화해하고 그것을 자양분 삼아 앞으로 기쁘게 나아가는 것.

말이 길었는데 여기까지 읽어 준 독자들에게 감사한다. 이 글이 깊은 밤 꿈에 놀라 깼을 때 다시 숙면을 취할 수 있도록 도와주는 따뜻한 물 한 잔이 되길 희망한다.

우리의 모든 노력과 수많은 도전 그리고 기다림의 시간들은 다 의미가 있으니, 타인의 시선에 사로잡히지 말고 자신의 가능성을 믿기 바란다.

우리는 모두 젊기에 방황할 수 있다.